Carl-Auer

W0076893

Matthias Eckoldt

KRITIK DER DIGITALEN UNVERNUNFT

Warum unsere
Gesellschaft auseinanderfällt

2022

Themenreihe »update gesellschaft«
hrsg. von Matthias Eckoldt
Umschlagentwurf: B. Charlotte Ulrich
Redaktion: Uli Wetz
Layout und Satz: Heinrich Eiermann
Printed in Germany
Druck und Bindung: CPI books GmbH, Leck

Erste Auflage, 2022
ISBN 978-3-8497-0415-5 (Printausgabe)
ISBN 978-3-8497-8359-4 (ePUB)
© 2022 Carl-Auer-Systeme Verlag
und Verlagsbuchhandlung GmbH, Heidelberg
Alle Rechte vorbehalten

Bibliografische Information der Deutschen Nationalbibliothek:
Die Deutsche Nationalbibliothek verzeichnet diese Publikation
in der Deutschen Nationalbibliografie; detaillierte bibliografische
Daten sind im Internet über http://dnb.d-nb.de abrufbar.

Informationen zu unserem gesamten Programm, unseren Autoren
und zum Verlag finden Sie unter: https://www.carl-auer.de/.
Dort können Sie auch unseren Newsletter abonnieren.

Carl-Auer Verlag GmbH
Vangerowstraße 14 · 69115 Heidelberg
Tel. +49 6221 6438-0 · Fax +49 6221 6438-22
info@carl-auer.de

Inhalt

Prolog

Schlecht steht es um die Pressefreiheit in Deutschland. Schlechter als in den letzten Jahren, so schlecht wie noch nie im neuen Gesamtdeutschland: Das globale Netzwerk »Reporter ohne Grenzen« zählte im Jahr 2020 hierzulande eine Zunahme massiver Behinderungen von Journalisten[1] durch körperliche An- und Übergriffe von 500 Prozent im Vergleich zum Vorjahr. Die Medienschaffenden wurden während der Verrichtung ihrer Arbeit geschlagen, zu Boden gestoßen, getreten, ihre Kameras, Fotoapparate und Aufnahmegeräte wurden zerstört. Zur physischen kommt psychische Gewalt. Bedrohungen, Beleidigungen, massive wutgeschwängerte Sprechchöre zum Zwecke der Einschüchterung. Die Fernsehreporterin Dunja Hayali beispielsweise ging im August 2020 bereits mit Security zu einer Demonstration in Berlin und musste dennoch ihre Berichterstattung abbrechen. Ihre pure Anwesenheit erzeugte immer wieder eine derart aufgeheizte, an Lynchjustiz erinnernde Stimmung, dass nicht mehr für ihre Sicherheit garantiert werden konnte. Eine Demonstration später war Hayali wieder dabei – dieses Mal auf Transparenten, die sie in Sträflingsuniform zeigten. Wie eine Gefangene bei der Erfassung hielt sie ein Schild mit ihrem Namen, darunter war der Spruch der selbst ernannten Richter zu lesen: *schuldig*. Hayali erhielt auch eine Mord-

---

1 Aus Gründen der besseren Lesbarkeit wird in diesem Buch im Allgemeinen nur das männliche grammatische Geschlecht verwendet. Es sind aber immer alle anderen Geschlechter mitgemeint.

drohung, die pikanterweise mit nichtöffentlichen Daten aus einem Polizeicomputer gespickt war. Diese Tatsache wirft Fragen auf, denn eigentlich obliegt der Staatsgewalt der Schutz von Medienschaffenden. Der wird offensichtlich in einem in Deutschland noch nie da gewesenen Ausmaß vernachlässigt, während zugleich Teile der Exekutive zumindest indirekt an der Einschüchterung von Journalisten teilhaben.

Für »Reporter ohne Grenzen« schlugen zudem noch das BND-Gesetz zur anlasslosen Auslandsüberwachung des Internetverkehrs, undurchsichtige Regeln beim Auskunftsanspruch für die Presse im Lobbyregister und der Verlust an Vielfalt in der Medienlandschaft negativ zu Buche. Alles zusammengenommen, ergab sich eine Rückstufung in der Rangliste der Pressefreiheit von 11 im Vorjahr auf 13. Zwei Plätze, die zugleich auch eine entscheidende Qualitätseinbuße markieren. Denn damit wechselt Deutschland auf der Weltkarte der Pressefreiheit die Farbe. Es verabschiedet sich aus der mit Weiß markierten Spitzengruppe, in der die Bedingungen für freie Berichterstattung gut sind, und erhält mit der Farbe Gelb nur noch ein Zufriedenstellend. So wie Papua-Neuguinea, Rumänien, Litauen und Surinam. Inwiefern sich die obskuren Aktivitäten des deutschen Gesundheitsministers im Jahr 2021 im Ranking niederschlagen werden, bleibt bis zur nächsten Auswertung abzuwarten. Jens Spahn hatte beim Berliner Grundbuchamt die Namen der Journalisten in Erfahrung zu bringen versucht, die über seine Immobiliengeschäfte recherchierten. Erstaunlicherweise erfolgreich. Zudem versuchte er, per Gerichtsbeschluss die öffentliche

Nennung der Summe von 4,125 Millionen Euro zu verbieten, für die er mit bedenklichem Gespür für den Kairos inmitten der Corona-Pandemie eine Luxusvilla für sich und seinen Mann erstanden hatte. Wäre ihm auch das geglückt, hätte Deutschland vielleicht sogar noch die gelbe Einfärbung auf der Pressefreiheitsweltkarte aufs Spiel gesetzt.

Auch die in Deutschland immer wieder aufflammenden Debatten über die Finanzierung des öffentlich-rechtlichen Rundfunks werden von »Reporter ohne Grenzen« kritisiert. Hier geht es um die Querelen angesichts der ersten Erhöhung des Rundfunkbeitrags seit 2009. Die Kommission zur Ermittlung des Finanzbedarfs hatte im Einklang mit dem Staatsvertrag zur Rundfunkfinanzierung eine Anhebung der GEZ-Gebühren um 86 Cent auf 18,35 Euro pro Monat empfohlen. Angemerkt sei, dass der Begriff Rundfunk ebenso die Fernsehanstalten umfasst, die naturgemäß die meisten Mittel verschlingen. Der Deutschlandfunk beispielsweise gestaltet seine drei Programme für gerade einmal 50 Cent pro Einzahler im Monat. Um die Erhöhung beschließen zu können, brauchte es die Zustimmung aller Bundesländer, die sie auch gaben – mit Ausnahme von Sachsen-Anhalt, wo sich eine verhängnisvolle Mehrheit aus CDU und AfD für die Ablehnung fand. Ministerpräsident Reiner Haseloff verhinderte die Mesalliance schließlich, indem er die Abstimmung aussetzte. Damit aber war die in den Sendeanstalten längst eingepreiste, weit unter Inflationsniveau liegende Erhöhung passé. Als Grund für die Blockade nannte die CDU stockende Reformbemühungen im öffentlich-rechtlichen

Rundfunk und die geringe Beachtung, die Sachsen-Anhalt in der Berichterstattung finde. Die AfD wurde grundsätzlicher und sprach in der Begründung ihrer Verweigerung von mit Zwangsgebühren finanzierten Staatsmedien, die Fake News im Auftrag der Regierung verbreiteten.

Noch rauer ist der Ton gegenüber den öffentlich-rechtlichen Anstalten in den sogenannten sozialen Medien. Unter Hashtags wie »GEZ«, »Staatsfunk« oder »ÖR« werden ARD und ZDF als »linksradikale«, »totalitär denkende«, »öko-sozialistische« und »kulturmarxistische« »GEZ-Zwangs-bezahlsender« bezeichnet, die das Land im Geiste einer linksliberalen Elite des »Bionaden-Bonzen-Milieus« und »heuchlerischer Soja-Teutonen« mit «Gender- und Political-Correctness-Diktaten« »terrorisiere« und basisdemokratische Initiativen wie Volksbegehren zur Auflösung von Landtagen verleumde, während sie verfassungskonform gewählte Parteien wie die AfD totschweigen. Dagegen werden auf den einschlägigen Kanälen der sozialen Medien GEZ-Verweigerer, die wegen Zahlungsverzug im Gefängnis sitzen, zu Märtyrern stilisiert. Als das Bundesverfassungsgericht im August 2021 die Blockade von Sachsen-Anhalt gegen die Erhöhung der Rundfunkgebühren für verfassungswidrig erklärte, kochte die Wut auf den Plattformen noch einmal hoch.

In den Foren scheint Einigkeit zu herrschen über die Art der Berichterstattung: staatsnah, tendenziös, elitehörig und ausgrenzend. Die Schlussfolgerung lautet in routinierter Verdrehung der Begriffsbedeutung, die öffentlich-rechtlichen Medien seien autoritär und antidemokratisch. Dieses Urteil ergeht zugleich auch über die Mehrheit der Printmedien, die mit journalistischer Professionalität durch Recherche und Quellenprüfung gehärtete Information publizieren. Ähnliche Entwicklungen zeichnen sich in allen westlichen Demokratien ab. Ein Narrativ bildet sich heraus, das die Ergebnisse des kritischen Journalismus weltweit als Mainstreammedien diskreditiert, die Meinungen und Gefühle im Lande steuern und die Menschen zu willfährigen Objekten der Mächtigen machen. Diese Mächtigen sind je nach ideologischer Ausrichtung und geposteter Story mal Big Pharma und Big Tech, mal die Finanzindustrie oder die Klimaforschung, mal der Staat und die Ökolobby – oder gern auch alle und alles zusammen.

1   Typografische und algorithmische Vernunft

Worin gründet der Verlust an Vertrauen in die ehemals vierte Gewalt im Staate? In einer demokratischen Gesellschaft soll die Presse eigentlich die drei Säulen des Staatswesens – Legislative, Exekutive und Judikative – kritisch beleuchten und hinterfragen. Sie hat Informations-, Transparenz-, Kontroll- und Initiativfunktionen. Sicher wurden in Teilen der Medien diese Aufgaben in den letzten Jahren immer mehr vernachlässigt. Ressorts wie Reise- oder auch Unternehmensjournalismus erweisen sich als korrupt, weil sie sich zunehmend als verlängerter Arm der Public-Relations-Abteilungen verstehen. Am ehesten nehmen noch der Politik- und Kulturjournalismus ihre angestammte Funktion ernst. Doch auch das sehen Demonstranten, die mit dem Kampfslogan »Lügenpresse« grölend durch die Straßen ziehen, anders. Diese Menschen unterschiedlichster weltanschaulicher Couleur eint ihre Fundamentalopposition gegen alles, auf das sie keinen direkten Einfluss nehmen können.

Um den Prozess zu verstehen, der zur Erosion der Deutungshoheit öffentlicher Medien führte, lohnt es sich, auf der Zeitachse zurückzugehen. Und zwar zunächst bis zur Gründung von Amazon. Wenn es Zufälle gäbe, wäre es vielleicht einer, so aber – und vor allem aus heutiger Sicht – fiel die Business-Entscheidung des Investmentbankers Jeff Bezos geradezu zwangsläufig. 1995 erkor er Bücher zu dem Produkt, mit dem er seinen disruptiven Angriff auf den herkömmlichen Handel startete. Er eröffnete einen Buchladen, in dem nicht eine durch den Besitzer und die Verlagsvertreter ausgewählte kleine Anzahl von Exemplaren präsent war, sondern einfach alle Titel, die es auf dem Markt gab. Jedes Buch war nur einen einzigen Klick weit entfernt. Kaum hatte diese Idee genügend Käufer angezogen, beherzigte Amazon das Diktum der Billigketten, nach dem der Gewinn beim Einkauf gemacht wird, um mit dem Verkaufspreis die Konkurrenz zu ruinieren. Mit zunehmender Marktmacht wurden den Verlagen immer dreistere Konditionen abgenötigt. Zu fragwürdiger Berühmtheit kam dabei das Gazellenprojekt, für das Bezos seine Mitarbeiter anwies, kleine Verlage zu jagen wie ein Gepard eine kranke Gazelle. Drohungen, die Auslieferung bestimmter Titel zu verzögern oder sogar den Online-Handel mit dem gesamten Programm auszusetzen, wurden hier erfolgreich erprobt, da solche Verlage naturgemäß größere Schwierigkeiten haben, ihre Werke in den Buchhandlungen zu platzieren. Mit dem Rückenwind dieser Erfahrungen erpresste Amazon dann auch die großen Häuser. Zudem sparte das rasch wachsende Unternehmen an Lohn und Mindeststandards bei den eigenen Beschäftigten und übte Druck auf die Versanddienstleister aus. Mit denkwürdiger Besessenheit entwickelte eine Taskforce Steuerfluchtmodelle, die in einer Pro-forma-Übersiedlung des Unternehmenssitzes nach Luxemburg mündeten, wodurch laut vorsichtigen Schätzungen jährlich anderthalb Milliarden Dollar am Fiskus vorbeimanövriert wurden.

Im Zuge der noch effektiveren Ausbeutung der Ware Buch waren Amazon natürlich auch die Urheberrechte ein Dorn im Auge. Vor allem die in mehreren europäischen Staaten geltende Buchpreisbindung verhindert derzeit noch, dass Amazon in diesen Fragen nach Gutdünken verfährt und gedruckte Texte mit Küchenrollen und Einwegflaschen auf eine Stufe stellt. Am liebsten würde das Unternehmen Bücher zur Ramschware deklarieren, an der niemand mehr verdient – außer natürlich Amazon selbst. In den USA bekamen Verlage, die vom Online-Händler einen Mindestpreis forderten, bereits die Härte des entfesselten Marktes in Form von Gerichtsurteilen zu spüren. Einen weiteren Angriff auf das Kulturgut Buch führte Amazon, als es die Funktion Kindle Direct Publishing zur Verfügung stellte, über die jeder ein Buch veröffentlichen kann. Wirklich jeder. In weniger als fünf Minuten. Die bislang von Verlagen geleistete thematische Kuratierung entfällt dabei ebenso wie die Betreuung durch ein Lektorat. So führte die marktbeherrschende Stellung von Amazon einerseits zur Profanisierung des Buches und andererseits zu einer neuen Form von Zensur. Sie findet nun bei dem mittlerweile zum digitalen Allesverramscher gewandelten ehemaligen Online-Buchhändler nicht aus politischen, sondern aus unternehmenspolitischen Gründen statt. Jeder Anbieter, der sich nicht an die von Amazon diktierten Spielregeln hält, hat mit Sanktionen zu rechnen. Der Schrecken der verminderten Sichtbarkeit und damit der eklatanten Umsatzeinbuße zwingt jeden Verlag in die Knie, wenn er von einem Händler an die Wand gemalt wird, über dessen virtuellen Tresen unterdessen gut ein Fünftel aller Bücher gehen.

Die im Ergebnis effizient gerittene Attacke auf das Buch ist deshalb so bezeichnend, weil es sich dabei um eine neoliberale Deregulierung des zentralen Wahrheitsmediums der westlichen Welt handelt. Denn der Buchdruck setzte Mitte des 15. Jahrhunderts einen völlig neuen Erkenntnisstandard und zugleich eine fundamentale Umstrukturierung des Weltwissens in Gang. Durch Gutenbergs Erfindung trat an die Stelle des Einzelexemplars der Handschrift die gedruckte Vielzahl der Auflage. Während ein Schreiber im mittelalterlichen Skriptorium etwa drei Jahre benötigte, um eine Bibel vollständig abzuschreiben, druckte Gutenberg dank seiner Erfindung der beweglichen Lettern von 1451 bis 1454 180 identische Exemplare. Die Disruption durch den Buchdruck erzeugte das Diktat gleichförmiger typografischer Einheiten in Standardgröße, die Standardseiten bilden, die sich ihrerseits zu Standardkapiteln ordnen und in Standardbüchern zusammengefasst sind. Der Begründer der Medientheorie, Herbert Marshall McLuhan, vermittelte eingängig, dass dieses typografische Prinzip über die Inhalte ins Auge und Hirn der Leser eindringt. Nicht von ungefähr beginnt der Mensch, seine Welt so wahrzunehmen und zu gestalten, wie es ihm das Medium des Buchdrucks vormacht: Alles wird in kleinste Einheiten zerlegt, wird klassifiziert, analysiert, mit Zahlen versehen, mit Indizes, mit Standardüberschriften und Titeln. Die menschliche Wirklichkeit wird immer mehr zum Buch, weil die mediale Erfolgstechnologie den Menschen die Welt nach dem Schema des Buchstabens geradezu zerstückeln lässt und ihm in Form des Buches demonstriert, wie sie wieder zusammengesetzt werden kann. Wahrnehmung geschieht im Gutenberg-Zeitalter nach Maßgabe der Zerlegung und Neukomposition der Welt nach dem typografischen Prinzip.

Auch der Buchdruck lehrt es: Was man schwarz auf weiß besitzt, kann man getrost nach Hause tragen. Es genügt, des Lesens kundig zu sein, um sich in die gedruckten Worte zu vertiefen. Mitgeführt wird dabei das Wissen vom anderen, der *dasselbe* liest. An allen Orten, wo ein Buch der gleichen Auflage auftaucht, verkündet es den identischen Inhalt. Die mündliche Überlieferung büßt an Wert ein, sobald das Buch völlig neue Maßstäbe setzt. So verliert die Idee der Wahrheit unter dem typografischen Diktat ihren metaphysischen Nimbus und reorganisiert sich als faktengebundene Realität. Das naturwissenschaftliche Zeitalter beginnt mit einer Definition von Wahrheit, deren Wesen die Reproduzierbarkeit ist. So wie die Druckmatrize immer denselben Text ausgibt, gilt ein Experiment als Kern der neuen Wissenschaften nur dann als wahr, wenn es unabhängig von Ort, Zeit und Protagonisten exakt dasselbe Ergebnis (re)produziert.

Sucht man nach historischen Belegen für diese These, wird man schnell fündig. Bereits im ersten Jahrhundert nach Gutenberg beginnt das Projekt der Mathematisierung der Natur. Die fallenden Steine bekommen Indizes, die Kanonenkugeln fliegen durch den Buchstabenraum der gleichmäßigen Einheiten, und den Abläufen in der Natur werden Überschriften wie die des Fallgesetzes angeheftet. Der Buchdruck spannt eine völlig neue Wahrnehmungsfolie auf, vor deren Grundlage sich die westliche Welt in den Stand gesetzt sieht, Erfahrungen zu homogenisieren und zu rationalisieren. Die Idee der uneingeschränkten Macht über die Naturkräfte kann als Resultat dieses Prozesses gelesen werden. Dass sie sich letztlich als Hybris erweisen soll, steht auf einem anderen Blatt.

Die neue, naturwissenschaftlich geprägte Logik verfährt nach typografischer Vorlage: Wer A sagt, muss auch B sagen. Wer Naturwissenschaft und Technik will, muss sich auf und mit immer mehr Naturwissenschaft und Technik einrichten. Es gibt kein Zurück mehr, sobald die präzise Wiederholbarkeit der Zeichen der menschlichen Wahrnehmung der Welt den Takt schlägt. Nach Gutenberg bleibt keine Zeit mehr für Kontemplation: Jetzt wird die Welt vermessen, in immer kleinerem Maßstab. Maß aller Dinge ist in der beginnenden Neuzeit nicht mehr der Mensch, sondern die Typografie, die auch noch die entscheidende Technologie vorgibt, mit der die Resultate des großen Vermessungs- und Homogenisierungsvorgangs in Wohlstand verwandelt werden: das Fließband. Hier taucht das erste Werkzeug in der Geschichte auf, das dem Menschen nicht (nur) mehr dient, sondern das bedient werden will und so den forschen Takt der typografischen Einheiten in die Körper einsenkt.

Natürlich ist der erste Bestseller auf dem Markt der gedruckten Bücher die Bibel, aber bald schon wird auch der Stand der Technik auf Papier gebannt. Gutenbergs Erfindung kommt rechtzeitig in Italien an, um die kühnen Entwürfe der Renaissanceingenieure zwischen Buchdeckeln zu ordnen. Seit 1465 gibt es Druckereien in Rom, Venedig, Padua,

Modena und Florenz. Die zwölfbändige Abhandlung *De re militari* des italienischen Schriftstellers Roberto Valturio ist das erste Sachbuch auf dem Markt. Ein Beleg dafür, wie eng die Erfolgsgeschichten von Buchdruck, Naturwissenschaft und Technik bereits von Anfang an verknüpft waren. Der technologisch-militärische Komplex hat die Botschaft des typografischen Mediums sofort verstanden.

So schlägt der Buchdruck den Takt für die Zerlegung der Dinge, auf dass sich zeige, was die Welt im Innersten zusammenhält. Gutenbergs Erfindung fungiert geradezu als ein Mutationsfaktor in der Evolution des menschlichen Geistes, die der Kulturphilosoph Jean Gebser in mehreren Etappen ablaufen sieht. Demnach waren unsere Urahnen zuerst vom magischen Bewusstsein beseelt. Es entstand gemeinsam mit dem Faustkeil als erstem Werkzeug vor etwa 1,7 Millionen Jahren und begleitete die Distanzierung der Gattung Homo von der Natur. Die nächste Stufe, das mythische Bewusstsein, entwickelte sich, als die Menschen vor etwa 12 000 Jahren sesshaft wurden und den Ackerbau für sich entdeckten. In der mythischen Welt ging es um die Entwicklung des Zeitbewusstseins und die Gewinnung der Innenwelt als Erlebnisraum. Diese Form nun wird mit der Erfindung des Buchdrucks vom rationalen Bewusstsein abgelöst, und das selbstbewusste Ich entsteht als Subjekt, das sich seiner Außenwelt – messend und zerlegend – gegenüberstellt. Verbunden damit ist die Idee der Objektivität. Die Welt wird berechnet und geordnet, von den Planetensystemen über die Meere und Länder bis hin zum Gehirn, das bald schon als Organ des Bewusstseins – oder mit den trefflichen Worten des Physiologen du Bois-Reymond – als »Bureau der Seele« konzipiert wird. Der Umbruch zeigt sich im Abendland gut im Kampf zwischen der christlichen Kirche, die ihren Aufstieg noch dem mythischen Bewusstsein verdankt, und der Naturwissenschaft als Ikone des Rationalen. Galilei wird Opfer dieser Zeitenwende. Als Protagonist des Neuen, der die Natur Gesetzen zu unterwerfen lehrt, gerät er in die Hände des Alten und kann seine Haut vor der Inquisitionsbehörde nur retten, indem er seine wissenschaftlichen Erkenntnisse widerruft.

Auch die rationale Bewusstseinsstufe der Menschheit wird abgelöst. Nach Gebser entsteht seit Mitte des 20. Jahrhunderts – er selbst starb 1973 – das integrale Bewusstsein. Es soll sich durch die Integration aller bisherigen Stufen auszeichnen. Die das Bewusstsein strukturierende Zeitwahrnehmung zeigt eingängig, inwiefern dem heutigen Menschen alle in der Evolution des Bewusstseins praktizierten Wahrnehmungsmodi zu Gebot stehen: So kann man in verschiedenen Arten des Flows ganz im Augenblick sein, wie unsere vom magischen Bewusstsein erfüllten Urahnen, oder nur von Event zu Event denken wie die Ackerbauern, die im mythischen Bewusstseinszustand auf die zyklische Rhythmik setzten. Mit der Uhr am Handgelenk und dem Kalender auf dem Tisch wird es möglich, ganz in den Modus des rationalen Bewusstseins zu zappen. Das integrale Bewusstsein schließlich wird sich all dieser verschiedenen Arten der Zeitlichkeit inne und kann sie abwechselnd oder sogar parallel praktizieren. Frei nach dem Insiderwitz: »Was kommt nach Techno? – Hm ... Was? – Na, Dienstag!«

Im Flow des als magisch wahrgenommenen Rave läuft zumindest am Horizont das rationale Zeitbewusstsein in Form des Wochentags mit, an dem man wieder aus der Club- in die Alltagsrealität wechselt, während bei der wochentäglichen Fron mit Blick auf den nächsten Event die im mythischen Bewusstsein geformte Zyklik präsent ist.

Das Internet, als unser aktuelles Leitmedium, lädt zu solch integraler Rhythmisierung ein und wirkt als ein ebenso markanter Evolutionsfaktor für das menschliche Bewusstsein wie seinerzeit der Buchdruck. Nun wird die Serialität der Buchstaben und Seiten aufgelöst durch die Parallelität des Hyperlinks. Noch bevor B auf A folgen kann, ist die Einladung zum Weiterklicken im unendlichen Möglichkeitsraum bereits angenommen. Die algorithmische Vernunft beerbt die typografische. So gesehen, exekutiert Amazon durch seinen Angriff auf das Buch letztlich den Medienwandel, indem der milliardenschwere Online-Dealer die willkürliche Manipulation des zentralen Wahrheitsmediums des Abendlandes als Ware vorführt und das Buch zur Jedermannssache profanisiert, zu deren Herstellung man – abgesehen vom Verkauf selbst – keinerlei professionellen Hintergrund mehr benötigt. Folgerichtig demontiert die schöne, neue Kindle-Welt auch die auratische Präsenz des Buches als geistige Wertsache. Die heimische Bibliothek wird ersetzt durch den E-Book-Reader, der locker 30 000 Bücher einstapeln kann, ohne das Gewicht von 200 Gramm zu überschreiten, und der im Seitenfach jeder Umhängetasche Platz findet, wo früher vielleicht das Notizbuch steckte.

2 Digitale und narzisstische Selbsterregung

Genauer betrachtet, ist es jedoch ein wenig viel der Ehre, Amazon als Exekutanten des Medienwandels zu bezeichnen. Treffender wäre es wohl, von einem Symptom zu reden, von einer Begleiterscheinung, einem Epiphänomen, das von einer tiefer liegenden Ursache zeugt. Als wirklich treibende Kraft kann unschwer die Digitalisierung ausgemacht werden. War ursprünglich mit diesem Begriff lediglich die Transformation der analogen Welt in binäre Codes gemeint, hat er sich in den 2010er-Jahren des neuen Millenniums aufgebläht und steht im deutschen Sprachraum mittlerweile für die Gesamtheit der Veränderungen, die durch computergestützte und algorithmengeleitete Vernetzung in allen Teilen der Gesellschaft ausgelöst werden. Der Soziologe Armin Nassehi geht so weit, den Beginn der Digitalisierung bereits ins 19. Jahrhundert zurückzudatieren, als die ersten Sozialstatistiken erhoben wurden und die westlichen Industriegesellschaften auf dieser Grundlage entsprechende Strukturen der Differenzierung ausprägten. Insofern handele es sich bei der Digitalisierung weniger um einen radikalen Wandel, sondern vielmehr um die Sichtbarmachung bereits angelegter Muster. So gesehen, geht Nassehi sogar nicht weit genug. Denn die Überschreibung analoger Tatsachen ins Digitale begann nicht erst in der aufstrebenden Moderne. Bereits am Startpunkt der Neuzeit wurde mit der Technologie des Buchdrucks ein Medium ins Werk gesetzt, das die Mathematisierung aller Seinsbereiche und damit die Entstehung von Mustern initiierte, die digitale Kompatibilität aufweisen. Nicht von ungefähr stammt das Wort »digital« vom Lateinischen *digitus* ab, das nichts anderes als »Finger« bedeutet. Das Zählen als mathematische Grundoperation erzeugt Muster, indem von den analogen Eigenschaften der Finger abgesehen – ergo abstrahiert – wird, damit Weltdinge mit Nummern und Zahlen gleichsam überschrieben werden können. Sicher wurde auch vor dem Gutenberg-Zeitalter bereits gezählt, aber nach dem streng typografischen Prinzip mathematisiert wurde erst in Zeiten des Buchdrucks. Erst mit der Druckmatrize startete der Aufstieg des Diskreten in der Welt, das Trennung, Teilung und Zerlegung als Wahrnehmungsbedingung inthronisierte und auf diese Weise spezifische Muster entstehen ließ, die im Digitalen nun – hegelianisch gesprochen – zu sich selbst kommen.

Die elektronischen Medien verändern die Welt rasend schnell. Das sah der erkenntnistheoretisch begnadete Schamane McLuhan bereits, obwohl er zehn Jahre, bevor das World Wide Web öffentlich zugänglich wurde, an einem Hirntumor starb. Es ist pure Spekulation, ob eine angelegte Hirnanomalie McLuhan einerseits krank und andererseits zu einem besonders hellsichtigen Denker machte. Fest steht, dass er eine flamboyante paranoische Denkmatrix entfaltete – vergleichbar der eines Michel Foucault –, in deren Sog man immer wieder auf Verbindungen stößt, die einem sonst nicht einmal im Traum auf- beziehungsweise eingefallen wären. Dank einer solchen Denkweise können jene Veränderungen in den medialen Grundstrukturen ausgemacht werden, die zu einer Perspektivverschiebung der Weltwahrnehmung führen. In der Post-Gutenberg-Galaxis kollabiert das Zeitkontinuum, die Linearität des auf A folgenden B, weil das elektrische Signal mit zeitüberbrückender Lichtgeschwindigkeit übertragen wird und daher überall zugleich sein kann. Auch der Raum hat in ebenjenem Überall, um es ein wenig kalauernd zu sagen, keinen Platz mehr. Welche Rolle spielt noch die unmittelbare Umgebung, wenn man zugleich in allen nur denkbaren anderen Welten sein kann? »Alles, was der Fall ist«, wird durch den elektrischen Impuls zum Nichtgegenständlichen, zur Simulation, um mit dem französischen Medientheoretiker Jean Baudrillard zu sprechen. Ohne Gegenstände aber gibt es auch keinen Raum.

Medien erweitern die erstaunlich geringen somatischen Fähigkeiten des Menschen. Als Nackter betrachtet, ist er geradezu ein Mängelwesen, das sich durch keinerlei körperliche Überlegenheit gegenüber den anderen Tieren auszeichnet. Er kann weder sonderlich schnell rennen, noch besitzt er unbändige Muskelkräfte, martialische Greifzähne oder Giftdrüsen, mit denen er sich Respekt verschaffen könnte. Er verfügt über nichts außer einer im Verlauf der Evolution nie gesehenen Neugier, mit der er die Welt erkundet und Techniken erfindet, die ihn zum angsteinflößenden Prothesengott machen.

Jede Technik ist zugleich ein Medium, weil sie die sensomotorische Kompetenz des Menschen vergrößert. So wie das Rad den Fuß erweitert, macht es die Kleidung mit der Haut, die Axt mit der Hand, der Buchdruck mit dem Auge. Die mit Radio und Fernsehen startende und sich im Internet vervollkommnende elektrische Schaltungstechnik erweitert schließlich sogar das Zentralnervensystem, dessen evolutionär erfolgreiche Idee es war, im Inneren eine Instanz zu schaffen, die den Körper als Außenwelt erfährt. Das Zentralnervensystem des Menschen bildet nämlich den gesamten Körper auf der Großhirnrinde ab. Motorischer beziehungsweise sensorischer Homunculus ist die für die Neuroanatomie erstaunlich poetische Bezeichnung für diese Hirnareale, die den Körper in seinem Inneren simulieren: Von den Augen über die Ohren und die Genitalien bis zum großen Zeh. Im Inneren des Körpers, im Zentralnervensystem, ist das Äußere dieses Körpers präsent. Ebenso *vice versa:* Das Zentralnervensystem ist zugleich außen, um den Körper, den es reflektiert, abzutasten. Diese in der Eigenfrequenz schwingende Resonanzstruktur wird von Fernsehen, Radio und Internet nicht einfach nur angeregt, sondern erweitert. Das Zentralnervensystem des Menschen überzieht damit die gesamte moderne, elektronisch medialisierte Welt.

Anders als beim Buchdruck und seinen Vorläufermedien, die jeweils nur einen Sinn erweiterten, erfassen die elektronischen Medien damit die Grundstruktur menschlicher Wahrnehmung selbst. Das heißt zugleich aber auch: Der ganze Mensch wird ins digitale Mediensystem verstrickt. Seine Beteiligung ist gnadenlos, weil sich zugleich mehrere Sinne an ihrem eigenen Gebrauch erregen. So begegnet das Auge im Bildschirm seiner eigenen objektivierten Gestalt. Hier wird genauso gesehen, wie es selber sieht. An diesem Sehen des Sehens vergnügt sich das Auge, hier empfindet der Sehsinn Lust. Dasselbe geschieht dem Ohr. Es hört sich selbst beim Hören zu. Auge und Ohr erfahren in den digitalen Medien eine narzisstische Selbsterregung, die es so schwer macht, offline zu schalten. Dem User ergeht es wie Narziss im Mythos, der sich, von Aphrodite bestraft, in sein eigenes Spiegelbild verliebt. Narziss leitet sich mit gutem Grund von *narkosis* ab. Er wird durch die Ausweitung seiner selbst narkotisiert, so wie wir durch die Ausweitung unserer Sinne betäubt werden. Wir lassen uns fesseln wie jener unglückliche Jüngling von seinem Konterfei. Und wie dieser in der Quelle sein Antlitz nicht als sein eigenes erkennen kann, haben wir größte Mühe, unsere eigenen Sinne auf dem Bildschirm wiederzuentdecken. Deshalb müssen wir, wie Narziss, immer wieder hinschauen und werden süchtig – scheinbar nach den elektronischen Medien, im Tiefsten aber nach uns selbst. Ohne zu wissen, wer wir sind und wem wir eigentlich zuschauen, können wir uns nur an die Inhalte *halten,* die den elektronischen Medien als Trojanisches Pferd dienen. In seinem Bauch ist die Botschaft des Mediums verborgen. Und die heißt: gnadenlose, omnipräsente Einverleibung der Gesamtpersönlichkeit im Digitalen durch die Erweiterung des Zentralnervensystems und die Selbsterregung der Sinne.

Das Internet bricht radikaler noch als Fernsehen und Radio mit deren zumindest noch an die Welt des Buchdrucks erinnernden Programmschienen, mit jeder Zeitstruktur. Hier gibt es nur noch die Gleichzeitigkeit verschiedenster Text-, Bild-, und Ton-Informationen. Die Rundfunkmedien folgen mittlerweile diesem Prinzip, indem sie ihr gesamtes Sendeangebot online abrufbar machen und um zusätzlichen Inhalt bereichern. So betreiben sie nolens volens – nicht nur aus medientheoretischer Sicht – ihre Selbstauflösung.

Auch der Raum schmilzt mit den digitalen Simulationen ein. Die Bewegungsart im Internet ist das Surfen. Und Surfen ist eine Bewegung, der es um die Bewegung selbst, nicht um den Raumgewinn geht. Das Gebot lautet: Oben auf der Welle sein. Es geht um Geschwindigkeit um ihrer selbst willen, die im zeitfreien *Un*raum der Gegenwart gleichsam explodiert. Vorne ist dort, wo sich keiner auskennt. Sicher ist nur: Wer verweilt, stürzt von der Welle ab.

Die von der neuen Weltwahrnehmung im Zeichen der Autoerotik und radikalen Gleichzeitigkeit erzeugte Unruhe kommt in den sogenannten sozialen Medien wie in einem Durchlauferhitzer zum Sieden und greift von dort immer wieder auf die erste, sinnlich wahrnehmbare Realität der Gesellschaft über. So standen sich am 21. Mai 2016 in Houston, Texas, plötzlich zwei politisch aufgewühlte Menschengruppen kampfbereit gegenüber. Die einen forderten zornig, die weitere Ausbreitung des Islam in den USA zu stoppen, die anderen protestierten gegen diese Forderung. Die Begegnung der Kombattanten hatte einen Vorlauf im Netz, wo sich die Aktivisten in Facebook-Gruppen organisiert und wechselseitig angefeindet hatten. Als Initialzündung dafür, dass die Gruppen überhaupt entstanden und schließlich ihr digitales Geplänkel zum analogen Aufruhr führte, identifizierte der vom US-amerikanischen Kongress eingesetzte Untersuchungsausschuss Facebook-Posts von Bots der IRA, womit nicht die sogenannte Irisch-Republikanische Armee, sondern die Internet Research Agency gemeint war. Das ist eine Trollfabrik mit Sitz in St. Petersburg, in der Hunderte russische Hacker ihr Unwesen treiben und Desinformationskampagnen in den sozialen Medien vorzugsweise der westlichen Welt streuen. Sie haben erkannt, wie leicht man mithilfe digitaler Brandbeschleuniger reale Menschen aus Fleisch und Blut manipulieren und für Unfrieden sorgen kann. Die IRA betrieb zu jedem Thema mit Polarisierungspotenzial entsprechende Accounts. Egal, ob es um Einwanderung, Schusswaffen, Feminismus oder Rassenfragen ging, von Russland aus wurde reichlich Öl ins digitale Feuer gekippt.

Die zweite, medial vermittelte Realität produziert eine Welt der *Undinge,* um eine Formulierung des koreanischen Philosophen Byung-Chul Han zu verwenden, der in der digitalen Ordnung die Reduktion des Seins auf die Information am Werke sieht. Systemtheoretisch gesprochen (was Han nicht tut), sind Informationen von Systemen produzierte Differenzen. Diese Definition besticht durch Neutralität und kommt erst einmal ohne den Bezug auf den Wahrheitsgehalt aus. Fake News gehören somit ebenso wie Hard Facts zu jenen Informationen, auf die das Sein im Internetzeitalter reduziert wird. Genau diese Reduktion bringt die Entdinglichung mit sich, in der auch die Simulation als zentrales Merkmal des Digitalen gründet. In der Natur von Informationen liegt es, verfüg- und steuerbar zu sein, und so wird auch die menschliche Existenz von den digitalen Medien auf diesen Aspekt reduziert. Im Gegenzug scheint man aber etwas für diese systematische Herabsetzung zu bekommen. Das Smartphone genauso wie das Smarthome und die Smartwatch erweitern den Spielraum des Nutzers enorm. Allerdings machen sie ihn im gleichen Zuge auch abhängig, weil alle Erweiterungen zugleich wie Selbstamputationen wirken. Wer den Maschinen das Rechnen überlässt, kann bald nicht mehr ohne sie multiplizieren, wer dem Smartphone die Gesundheitsvorsorge überlässt, verliert nach und nach sein Körpergefühl, und wer seinen Kühlschrank Waren bestellen lässt, opfert Neugier auf andere Gerichte der Bequemlichkeit. Der User wird auf verführerische Weise dirigiert und merkt dabei gar nicht, wie die digitalen Geräte die Regie übernehmen. Sie durchleuchten, schnüffeln, spionieren und verwandeln den Nutzer in einen Benutzten, der durch den Bildschirm von der sinnlich erfahrbaren ersten Realität abgeschirmt wird. Das Digitale determiniert die Wahrnehmung selbst noch der sinnlich erfahrbaren Welt. Je ergreifender etwas ist, desto zwangsläufiger wird das Smartphone darauf gerichtet. Man sitzt längst nicht mehr im Sonnenuntergang, genießt die Farbtönungen und sinniert über die Endlichkeit und den alltäglichen Abschied, sondern entkörperlicht und entgeistigt Grunderfahrungen wie diese, indem man den Bildschirm zwischen sich und das schwindende Licht schiebt. Gebannt von der autoerotischen Selbsterregung des Sehsinns will der Homo digitalis seine Erfahrung mitteilen, kann aber nur die Informationsseite des Erlebnisses in Form eines zumeist unspektakulären Bildes von einem kleinen, unscheinbar leuchtenden Punkt festhalten. Die entscheidenden Dimensionen bleiben hingegen verborgen. Der ergreifende Sonnenuntergang wird in seiner bewusstseinsweitenden Inwendigkeit durch den Einsatz des Bildschirms zerstört. Mit den Undingen, die davon übrig bleiben, werden die sozialen Medien geflutet. Da kann man schon, wie Alexander Kluge es angesichts der dank ihrer Entdinglichung geradezu entfesselten Bilderflut im Netz für notwendig erachtet, zum Ikonoklasten werden, zum Bilderstürmer nach byzantinischem Vorbild, der gegen die Sucht der Ikonodulen nach Götzenbildern vollkommene Enthaltsamkeit lebt.

Der Realitätsschock ist vorprogrammiert, wenn man aus der digitalen Welt der Undinge auftaucht und mit der Dinghaftigkeit – sagen wir – des Reichstags konfrontiert wird. In der betreffenden Facebook-Gruppe mag man gedacht haben, man könne am Rande einer Demonstration mit mehr als einer Million Gleichgesinnter tatsächlich das bundesdeutsche Parlamentsgebäude einnehmen und die Regierung stürzen. Wie schockierend, wenn man sich dann in der Dingwelt von nur wenigen Zehntausend umgeben weiß und von drei mäßig bewaffneten Polizisten von den Treppenstufen des Reichstages fortgescheucht wird.

Aus der Forschung ist bekannt, wie die menschliche Psyche mit solch extremen Differenzerfahrungen umgeht. Da diese sogenannten kognitiven Dissonanzen als belastend empfunden werden, ist das psychische System darum bemüht, sie so rasch wie möglich zu tilgen oder zumindest zu reduzieren. Eine bewährte Methode besteht darin, die dissonanten Erfahrungen zu ignorieren und zu verdrängen. Im Extremfall kann das sogar zu einer psychogenen Amnesie führen. Für diejenigen, die arg mit den Undingen der digitalen Welt verstrickt sind, bedeutet der Modus der Reduktion kognitiver Dissonanz, die Sachwalter der Dingwelt jenseits des Internets zu ignorieren, zu verdrängen und zu verleumden. Dies sind in erster Linie die Wissenschaften, die für die Vorläufigkeit von Wissen sensibilisieren, und die Massenmedien, die der modernen Gesellschaft über einen – wie sich noch herausstellen wird – letztlich eigennützigen Umweg Stabilität verleihen.

3 Die Hintergrundrealität

Wenn man nun ergründet, warum Massenmedien überhaupt entstanden sind und welche Funktion sie im Gesellschaftsgefüge zu übernehmen begannen, kann man auch die Frage beantworten, warum es dieses mediale System überhaupt gibt und was geschieht, wenn es abgeschaltet wird. Die von Niklas Luhmann entwickelte soziologische Systemtheorie erscheint bestens dazu geeignet, sich dieser Fragestellungen anzunehmen, da sie von der funktionalen Differenzierung der modernen Gesellschaft ausgeht. Das heißt, jedes System, das in der Gesellschaft operiert, übernimmt exklusiv eine spezielle, durch kein anderes System zu leistende Funktion.

Zentral für die Systemtheorie ist der Begriff der Autopoiesis. *Auto* steht für »selbst« beziehungsweise »eigen«, und *poiésis* hat mit »schaffen« zu tun. Der Biologe und Philosoph Humberto Maturana erfand diesen Begriff und verstand darunter die fundamentale Fähigkeit des Lebendigen zur Selbsterschaffung. Ein lebendiges System erzeugt seine eigenen Operationen ausschließlich durch das Netzwerk seiner eigenen Operationen. Es ist strukturdeterminiert – das heißt, es kann seine eigenen Strukturen nur selbst aufbauen. Weder die Umwelt noch ein anderes System ist in der Lage, dem System vorzuschreiben, wie es seine Strukturen zu organisieren hat. Man kann, um das Beispiel des Menschen zu nehmen, einen Gedanken nicht im Hirn eines anderen zu Ende denken, sondern seine eigenen Gedanken immer nur im eigenen Kopf entwickeln. Zwar wirken Vorträge, Lektüre oder Gespräche im besten Falle anregend, aber was man den Angeboten entnimmt und wie man es sich anverwandelt, obliegt immer der Hoheit des eigenen Denkens. Sicher ein Grund, warum Prüfungen für viele Menschen so aufregend sind: Man muss etwas leisten, das man per Autopoiesis-Definition gar nicht leisten kann. Denn in der Prüfung wird in der Regel bewertet, wie man sich fremdes Wissen nicht zu eigenen, sondern zu fremden Bedingungen – nämlich denen des Prüfers – angeeignet hat. Ein guter Prüfer wäre dem gegenüber genau derjenige, der das Wissen des Prüflings zum Leuchten bringt, weswegen Heinz von Foerster auch trefflich formulierte, dass Prüfungen Prüfer prüfen.

Mithilfe des Konzeptes der Autopoiesis gelingt es der Systemtheorie, soziale Systeme zu beschreiben. Dabei kommt es ihr darauf an zu zeigen, wie sich ein System als Differenz zur Umwelt selbst erschafft und wie es ihm gelingt, diese Differenz zu erhalten. Unter sozialen Systemen werden vor allem Politik, Wirtschaft, Religion, Recht, Wissenschaft, Kunst, Erziehung und Massenmedien verstanden. Sie operieren, getreu dem Postulat der Autopoiesis, nach ihren eigenen Gesetzlichkeiten. Allerdings hat, wie im richtigen Leben auch, alles seine zwei Seiten: Was sich aus sich selbst heraus erzeugt, kann auch nur mit dem haushalten, was es zu produzieren in der Lage ist. Der beträchtliche Rest wird ausgeschlossen. So zahlt das autopoietische System für seine Autonomie mit der Abhängigkeit von dem, was es durch seine selbstbezogene Operationsweise nicht erfassen kann und daher ausschließt. Dieses Ausgeschlossene verlagert das System in seine Umwelt, von der es sich damit indirekt abhängig macht. So wird alles Ausgeschlossene per Ausschluss eingeschlossen. So wie jemand, der sich weigert, über Geld nachzudenken, bald von ökonomischen Zwängen bedrängt sein wird und seinen Ausschluss in jeder seiner Handlungen mit zu bedenken hat. Und denjenigen, der tatsächlich seine Social-Media-Kanäle löscht, werden die entgangenen Likes und digitalen Aufregungen in seinem neuen Alltag begleiten. Alles Ausgeschlossene ist mit an Bord. So wie es in Bölls *Ansichten eines Clowns* von den Atheisten heißt, sie seien eigentlich ganz verträglich, störend allerdings sei, dass sie ständig von Gott redeten.

Das Paradoxon, dass ein System in seiner Operationsweise selbst erzeugend und autonom ist und dabei trotzdem in Abhängigkeit von seiner Umwelt steht, fasst die Systemtheorie mit dem Begriff der strukturellen Kopplung. Systeme sind aus dieser Sicht weder inhaltlich noch morphologisch, sondern strukturell an ihre Umwelt gekoppelt, eben weil sie nur die Ausbildung bestimmter Strukturen zulassen. Die Kanäle oder Rezeptoren, durch die Systeme mit ihren Umwelten verbunden sind, leisten diese strukturelle Kopplung, deren Zweck genau darin besteht, vieles auszuschließen, um weniges zu systemeigenen Konditionen einzuschließen. Mit dem wenigen Eingeschlossenen baut das System eine ganze Welt auf – seine Welt, die nur für das und im System konsistent und sinnvoll ist. Am Beispiel der menschlichen Wahrnehmung wird das rasch klar: Das menschliche Auge schließt fast alle Frequenzbereiche des Lichtes aus, um wenige einzuschließen. Das Gehör schließt fast alle Schwingungsbereiche der Luft aus, um wenige einzuschließen. Das wenige Eingeschlossene ist das Material, aus dem ein – aus der Sicht des Gehirns – lückenloses Bild der Welt gebaut wird. In kognitivem Überschwang neigen wir sogar dazu, unser aus dem wenigen Eingeschlossenen konstruiertes Abbild der Welt für objektiv zu halten. Eine Selbstüberschätzung, die darin gründen mag, dass die Systemkonstruktionen alternativlos sind. Was innerhalb eines Systems von ihm selbst produziert wird, hat in diesem System keine Konkurrenz. So kann es kommen, dass man seine Sicht der Welt schon mal für allgemein verbindlich hält und aus allen Wolken fällt, wenn man mit anderen Menschen zusammenkommt, denen die Welt völlig anders erscheint. Dann ist wiederum die Reduktion der kognitiven Dissonanz gefragt.

In der Systemtheorie nennt man die zentrale Unterscheidung der Systeme, die bestimmt, was systemzugehörig ist und was nicht, Leitdifferenz beziehungsweise binäre Codierung. Jedes der Funktionssysteme operiert über einen solchen binären Code, der es dem System ermöglicht, die Differenz von System und Umwelt zu produzieren und zu reproduzieren, das heißt, immer neu zu entscheiden, was im System anschlussfähig ist und was nicht. Leitdifferenz der (Massen-)Medien ist die Unterscheidung aktuell/nichtaktuell. Das weiß bereits der Volksmund: Nichts ist so alt wie die Zeitung von gestern! Erst die Massenmedien markieren Ereignisse, in dem sie etwas aus dem ewig fließenden Strom des Geschehens herausreißen. In ihren schnelllebigen Publikationsformen avanciert Aktualität zum Grundmuster. Innerhalb der Gesellschaft benutzen sie den Code aktuell/nichtaktuell exklusiv, denn nur die Massenmedien haben den Anspruch, topaktuell über Neuigkeiten zu unterrichten.

Der Code aktuell/nichtaktuell sichert die Autopoiesis des Systems der Massenmedien, indem er Selektionsarbeit leistet. Was gehört ins TV, was kommt in die Zeitung, was wird im Radio zu hören sein? Etwa die Realität da draußen? Beispielsweise alle geglückten Starts und Landungen auf den Flughäfen dieser Welt oder Nachrichten darüber, an welchen Orten in den Großstädten der Verkehr fließt, in welchen Banken und Supermärkten das Geschäft reibungslos läuft? Nein, die Wirklichkeit interessiert die Massenmedien nur unter den stark limitierten Bedingungen ihres systemeigenen Codes. Berichtet wird nicht über die Realität in ihrer Fülle, sondern über kleinste Wirklichkeitsfenster, über Ereignisse, die es schaffen, die hohen Selektionsbarrieren zu nehmen. Der Komiker Karl Valentin bewies bereits ein untrügliches Gespür für die systemische Logik der Massenmedien, als er formulierte: Es ist schon merkwürdig, dass jeden Tag gerade so viel geschieht, wie auch in die Zeitung passt!

Die Chance, dass aus Geschehnissen medial vermittelte Neuigkeiten werden, steigt, je ungewöhnlicher das Ereignis ist, je nachhaltiger seine Konsequenzen sind und je bekannter die Personen oder Institutionen sind, über die berichtet wird. Nicht zuletzt stehen Gefühle für die Aufmerksamkeitsbindung der Mediennutzer. Sobald die Meldungen starke Emotionen wie Angst, Wut, Mitleid oder Zorn ansprechen – in Ermangelung dessen auch Freude oder Ärger –, desto nachhaltiger ist das Interesse. Skandalisierung, Moralisierung und Personalisierung sind die drei Grundprinzipien, mit denen das System der Massenmedien den Code aktuell/nichtaktuell anwendet. Was die Medien nach ihren internen Funktionsgesetzlichkeiten zu Ereignissen machen, erhebt nicht nur den Anspruch auf Aktualität, sondern repräsentiert Aktualität, allein dadurch, dass es in den Massenmedien auftaucht. Aktualität wird weniger gefunden als gesetzt. Allein, alles Aktuelle wandelt sich durch den Tatbestand seiner Publikation wieder zu etwas Inaktuellem. Durch sein Operieren veraltet das System der Massenmedien genau das, was es prozessiert. Daher steht es ständig unter Druck, etwas Neues, Aktuelles zu finden, das wiederum zum Zwecke kurzlebiger Präsenz und Selbst-Veraltung publiziert werden kann. So begibt sich das System in einen unhintergehbaren Sendezwang. Als Effekt der medialen Dauertätigkeit entsteht eine Weltbeschreibung, die sich letztlich nur in seltenen Fällen mit der Alltagserfahrung der Rezipienten deckt. Die Realität der Medien besticht eher durch Skandale, Regelwidrigkeiten und abnormes Verhalten, kurz, es ist voller Material für moralische Empörung. Auf diese Weise entsteht eine zweite, medial vermittelte Realität, die sich im Zuge des zirkulären Dauersendemodus vor die erste, ursprünglich angeschaute Realität schiebt.

Was leistet nun diese zweite, vom System der Massenmedien erzeugte mediale Realität für die Gesellschaft? Es ist eine Grundeinsicht der Systemtheorie, dass Systeme nicht direkt mit ihrer Umwelt – also auch nicht mit anderen Systemen, die ja für das System ebenso Umwelt sind – in Kontakt stehen. Die Kontaktaufnahme regelt sich vielmehr indirekt – über die beschriebene Funktion der strukturellen Kopplung, durch die vieles ausgeschlossen wird, damit weniges eingeschlossen wird. Die relevanten Beziehungen zwischen System und Umwelt werden so auf einen schmalen Bereich zugeschnitten. Wie jedes andere System sind auch die Massenmedien strukturell an andere Systeme gekoppelt. Als Beleg hierfür können die unterschiedlichen Ressorts gelten, die sich innerhalb der Publikationsmedien finden. Mehrere gesellschaftliche Funktionssysteme sind in der Regel sogar namengebend für verschiedene Redaktionen und Sendeschienen wie etwa Politik, Wirtschaft, Wissenschaft, Erziehung, Religion, Recht und Kultur. Insofern weist das System der Massenmedien eine strukturelle Besonderheit auf: Es ist mit allen gesellschaftlichen Funktionssystemen strukturell gekoppelt und erzeugt eine eigene Realität, die als Öffentlichkeit oder, zeitgemäßer, Hintergrundrealität bezeichnet wird. Der Begriff Hintergrundrealität weist auf den Umstand hin, dass die Massenmedien mit der strukturellen Kopplung an die anderen Funktionssysteme der Gesellschaft eine geschlossene Welt erzeugen, auf die gesellschaftliche Kommunikation Bezug nimmt. Wenn aber in allen Kommunikationen auf die Hintergrundrealität Bezug genommen werden kann, ist es ebenjene Hintergrundrealität, die als Bedingung der Möglichkeit die Wahrnehmung der unmittelbar angeschauten Realität prädeterminiert.

Was das System der Massenmedien für die Gesellschaft leistet, erhellt ein kurzer historischer Exkurs entlang der von

Foucault immer wieder mit geradezu paranoischer Unerbittlichkeit ins Spiel gebrachten Frage nach dem Notstand. Er erforschte, aus welcher Not heraus sich Gesellschaftssysteme bilden. Für welches Problem sind also gesellschaftliche Strukturen wie das der Massenmedien eine Lösung? Im Laufe des 18. und 19. Jahrhunderts differenzierten sich die einzelnen Teilsysteme der modernen Gesellschaft heraus. Als gravierenden Ankerpunkt in dieser Entwicklung setzt die Systemtheorie die Unterscheidung von Staat und Gesellschaft an, die zur Geburtsstunde des Politiksystems wird. Die Entflechtung der vielfältigen Beziehungen zwischen Staat, Kirche, Wirtschaft, Kunst und Erziehung mündet in einer Ausdifferenzierung der entsprechenden gesellschaftlichen Funktionssysteme. Sicherlich muss auch die Entmachtung der Kirche, die ja im Mittelalter und der frühen Neuzeit das Deutungsmonopol sowohl in lebensweltlichen wie politischen Fragen hatte, als wesentlicher Bestandteil dieses Prozesses gewertet werden. Die Wirtschaft konnte schon verhältnismäßig früh die umweltspezifischen Fremdsteuerungen kappen, und auch das Kunstsystem betrieb nach der Emanzipation vom Mäzenatentum seine Ausdifferenzierung. Am mühsamsten gestaltete sich dieser Prozess beim Erziehungssystem, das noch bis ins 20. Jahrhundert stark unter der Fremdeinwirkung von Religion und Politik stand.

Mit der funktionalen Differenzierung der einzelnen Systeme trat nun aber ein gravierendes Problem auf. Als Ergebnis der funktionalen Ausdifferenzierung entstand im gesamtgesellschaftlichen Zusammenhang eine Überkomplexität, die es unmöglich machte, das Gesellschaftssystem noch zu überblicken. Es gab keinen verbindlichen *point of view* mehr, wie etwa in streng hierarchisch-pyramidal gegliederten Gesellschaften, in denen das Ganze in den Blick genommen werden konnte. Da die einzelnen Teilsysteme nach verschiedenen Leitdifferenzen arbeiteten, erzeugten sie auch je verschiedene Weltbeschreibungen. Durch ihre forcierte Ausdifferenzierung wuchs in der Folge das Problem, dass die Sprache des jeweils anderen Systems nicht einmal mehr als Irritation verstanden werden konnte. Damit drohte das Auseinanderfallen des Gesamtgebildes. Die moderne, nichthierarchische Gesellschaft manövrierte sich an den Rand des Kollapses. Aus genau diesem Notstand heraus sammelten sich die druckenden, schreibenden und redenden Elemente, die schließlich das System der Massenmedien auszudifferenzieren vermochten. Dieses System konnte die gesellschaftsgefährdende Partikularisierung abwenden. Durch die strukturelle Kopplung mit allen anderen Systemen gelang es dem System der Massenmedien, den kommunikativen Zusammenhalt zu bewahren. Und genau darin liegt die Leistung des Systems der Massenmedien. Es verhindert das Auseinanderdriften des Gesamtsystems Gesellschaft durch die operative Erzeugung einer verbindlichen Hintergrundrealität, die sich aus den skandalträchtigen Regelverstößen der einzelnen Teilsysteme speist. Aktualitäten stellen sich in diesem Sinne als die aus der Hintergrundrealität resultierenden Oberflächenphänomene dar. Die Hintergrundrealität überformt die Wahrnehmung in einer Gesellschaft mit einem ausdifferenzierten System der

Massenmedien. Ihre Daueraktivität verhindert das kommunikative Auseinanderfallen der modernen Gesellschaft und stellt ihnen eine Hintergrundrealität zur Verfügung, auf die sich die einzelnen Funktionssysteme einigen. Massenmedien übernehmen die Aktualitätsvorgabe und sichern damit Orientierung in der modernen Gesellschaft, der kein verbindliches Wertesystem, keine Tradition und keine hierarchische Ordnung die Richtung weist.

4 Wunschungewissheit mit Dopaminkick

Die von den Massenmedien erzeugte Hintergrundrealität hält respektive hielt die modernen Gesellschaften in einem dynamischen Gleichgewicht, auch wenn die Bezugnahme der gesellschaftlichen Kommunikation auf dieses System zu wiederkehrenden Missverständnissen führte. So wurde den Massenmedien vorgeworfen, nur die Schattenseiten des Daseins in den Blick zu nehmen und somit ein verzerrtes, negatives Bild der Wirklichkeit zu zeichnen. Selbst Leute, die es eigentlich besser wissen müssten, wie etwa der arrivierte Journalismusforscher Stephan Ruß-Mohl, tappten in diese Falle und bezichtigten die (deutschen) Medien, in der Corona-Pandemie durch exzessive Berichterstattung über das Virus willentlich Angst zu erzeugen. Zudem würden aufgrund der monothematischen Ausrichtung relevante Nachrichten wegfallen, was an Desinformation grenze.

Aus systemtheoretischer Sicht ist eine derartige Klage nur schwer nachvollziehbar. Epochale Geschehnisse nehmen nun einmal spielend alle Selektionsbarrieren und werden zu Top-Medienereignissen. Genau so und nicht anders operieren die Massenmedien, und deswegen gab es während des Mauerfalls 1989 kaum ein anderes Thema für die Redaktionen, ebenso wenig nach dem Terroranschlag 9/11 und selbstredend auch nicht während der Corona-Pandemie. Da waren die Chefs vom Dienst nicht etwa alle unabhängig voneinander über Nacht auf die perfide Idee gekommen, am nächsten Morgen ihre Redakteure einfach um sich zu scharen und sich maliziös die Hände reibend das neue Ziel der Angstverbreitung innerhalb der Bevölkerung auszugeben. So simpel beziehungsweise so kompliziert laufen Medienvorgänge nicht. COVID-19 stellte einfach eine derart heftige Ausnahme von der Regel der Seuchenbeherrschung dar, dass sich die Spalten und Sendeplätze im autopoietisch arbeitenden System der Massenmedien ohne vorherige Anordnung oder weiter gehende Hintergedanken mit allem füllten, was mit dem Virus zu tun hatte. Die Eigenlogik der Medien geriet zu schierer Überbietungslogik: Je schlimmer die Nachrichten, desto steiler die Themenkarriere. Bad news are good news – and worst are the best! Undenkbar, die Bilder von der Triage in Bergamo und von den Armee-Lkw, die wegen der Überlastung der Krematorien die Leichen im Konvoi aus der Stadt schafften, nicht zu senden, damit sich nur ja niemand ängstige. Angst ist ein tiefes, basales Gefühl, das in der Selektionshierarchie der Massenmedien ganz oben steht. Eine potenziell ängstigende Nachricht zurückzuhalten würde einen harten Eingriff in die Autonomie des Systems bedeuten und wäre nur durch eine strenge Zensur zu erreichen. Da es die jedoch glücklicherweise zurzeit in Deutschland nicht gibt, schrieben und sendeten die Massenmedien über die Pandemie gleichsam um die Wette, was wiederum andere Kritiker dazu veranlasste, von Gleichschaltung zu reden. Ein bei näherer Betrachtung unsinniger Vorwurf, ebenso unsinnig, wie es wäre, inmitten einer Konjunkturphase die Unternehmen zu beschuldigen, dass sie ihre Kapazitäten voll ausschöpften, um auf Gedeih und Verderb zu produzieren, und alle durch die Bank weg – gleichgeschaltet – gewinnorientiert arbeiteten. Wirtschaft schafft nun einmal nach ihren eigenen Gesetzlichkeiten Waren und operiert im Medium Geld. Und Medien produzieren zu den Bedingungen ihres Systems Aktualitäten im Medium Aufmerksamkeit.

Die strukturellen Kopplungen der Massenmedien an alle anderen Funktionsbereiche der Gesellschaft macht dieses System zwar feinnervig irritierbar, zugleich aber anfällig für Angriffe auf seine autopoietische Geschlossenheit. Besonders das Marketing versucht, die Eigenlogiken der Massenmedien zu unterwandern beziehungsweise für ihre Zwecke zu nutzen. Die PR-Abteilungen großer Unternehmen korrumpieren einzelne Journalisten und sogar ganze Redaktionen mit Angeboten, die angesichts immer prekärerer Arbeitsbedingungen nur schwer auszuschlagen sind. Allzu oft wird nicht mehr für eine Pointe die eigene Großmutter, sondern für den nächsten Mietzins das Ethos der kritischen Berichterstattung verraten. Redaktionell verantwortete Berichte entstehen, die ihre Absicht einer hemmungslosen Produktwerbung zum Teil sogar nur nachlässig verbergen. So enteignet das Wirtschaftssystem Bereiche des Systems der Massenmedien und nährt damit Zweifel an seiner Glaubwürdigkeit.

Außerdem kratzen immer wieder hausgemachte Skandale am Nimbus der vierten Gewalt. Die Veröffentlichung gefälschter Hitler-Tagebücher durch das Wochenmagazin *stern,* der Abdruck der von Tom Kummer erfundenen Interviews mit Hollywood-Stars in großen deutschen Blättern und der Fall des mehrfach preisgekrönten *SPIEGEL*-Reporters

Claas(-Hendrik) Relotius, der seine Reportagen größtenteils erdichtete, sind unrühmliche Beispiele betrügerischer Praktiken und als solche sicher nur die Spitze des Eisbergs. Doch all diese Zumutungen von außerhalb wie innerhalb konnten die Massenmedien mit teils erheblichen Kraftakten verwalten und ihre Autopoiesis letztlich bewahren. Die Kommunikationsströme im Internet aber erodieren das System nachhaltig und drohen es zu zerstören.

Anders als der Buchdruck entstand das Medium Internet bereits explizit als eine militärische Operation. Der sogenannte Sputnik-Schock, den die Sowjetunion der westlichen Welt 1957 durch den ersten ins All geschossenen Satelliten zufügte, war besonders den US-amerikanischen Militärs in alle Glieder gefahren. Man drohte ins Hintertreffen zu geraten, obwohl man Hitlers Wunderwaffen-»General« Wernher von Braun in den eigenen Reihen wusste. Fieberhaft suchte die Advanced Research Project Agency, die mittlerweile durch ein ergänzendes »D« für »Defense« als DARPA das US-amerikanische Verteidigungsministerium als ihren Dienstherren zu erkennen gibt, Mittel und Wege, um zumindest auf der Kommunikationsebene auf einen Atombombenangriff der Sowjetunion vorbereitet zu sein. Mit enormem Aufwand entstand das ARPA-Netz, das ohne digitales Headquarter auskam. Aufgrund seiner dezentralen Organisation würden die Verbindungen zwischen verschiedenen militärischen Computersystemen selbst dann noch bestehen bleiben, wenn ein oder mehrere Stützpunkte ausgelöscht würden. Durch Vereinfachung und Standardisierung der Verbindungsprotokolle wurde das Netzwerkkonzept Anfang der 1980er-Jahre vom Wissenschaftsbetrieb entdeckt und 1992 schließlich in Form des World Wide Web für die breite Öffentlichkeit zugänglich. Die Möglichkeit, von jedem mit dem Internet verbundenen Computer aus Nachrichten zu senden und Informationen zu erhalten, ließ die Zahl der Nutzer exponentiell ansteigen. Die weltweite Kommunikation erhielt ein neues Erfolgsmedium, dessen Reichweite schier unbegrenzt war und dessen Charakter so neu wie aufregend, verspielt wie gesellig anmutete.

Unglaublich, was aus einer Erfindung des Militärs werden kann. Noch unglaublicher, so hätte der bellizistisch faszinierte Medientheoretiker Friedrich Kittler vielleicht angemerkt, dass man hinter all den Community-Träumen im Internet nicht den langen Arm des Militärs entdeckt, lautet die entscheidende Frage doch: Warum will denn das Militär, dass wir ungeniert kommunizieren? Heute ist es nicht schwer, Antworten darauf zu finden. Wer in Plauderlaune versetzt wird, gibt vieles von sich preis. Viel mehr, als Verhöre und Spionage jemals zutage fördern würden. Insofern erschreckte es zwar, aber verwunderte letztlich nicht wirklich, als durch Leaks herauskam, dass die National Security Agency eine wahre Sammelwut offenbart. Private Kommunikationen werden durchforstet. Nachrichten in E-Mails, Messenger- sowie Social-Media-Diensten mitgelesen, Bewegungsprofile erstellt und Treffpunkte errechnet. Alles natürlich im Geheimen, wie der Name der Organisation bereits nahelegt. Nur die Tech-Konzerne sind zu einem gewissen Teil eingeweiht, wie die Silicon-Valley-Insiderin Anna Wiener berichtet, zumindest nehmen sie billigend in Kauf, dass die Geheimdienste über Backdoors in die Server eindringen und weiträumig Cookies für die Ausspähung der Weltbevölkerung ausbringen konnten und können. Darüber hinaus wurden Glasfaser- und sogar Unterseekabel angezapft und abgesaugt. Viersternegeneral Keith B. Alexander verkündete als Chef der NSA seine Cyber-Strategie mit drei präzisen Parolen: »Sniff it all! Collect it all! Know it all!« Wie man aus den Leaks von Edward Snowden weiß, griff die NSA bereits im Jahr 2012 mehr als 20 Milliarden Kommunikationsereignisse weltweit ab – und zwar an jedem einzelnen Tag. Der militärisch-industrielle Komplex hatte also seine eiserne Pranke erhoben, als er sah, wie sein Geschöpf gedieh und die Menschen Gebrauch vom neuen Kommunikationsmedium machten. Und dann hieß es, wie der *Economist* titelte: »Captilism smacks the internet upon its head«. Mit voller Kraft schlug er drauf aufs Haupt der digitalen Lagerfeuerromantik.

Ausspionieren ist jedoch lediglich die Pflicht, Manipulieren hingegen die Kür, die das Internet für Militär, Politik und Wirtschaft gleichermaßen interessant macht. Diese neue Evolutionsstufe der digitalen Kommunikation wurde mit den vom Internetpionier Jaron Lanier so benannten BUMMER-Medien erreicht: **B**ehaviors of **U**sers **M**odified, and **M**ade into an **E**mpire for **R**ent. Es geht also um ein Imperium, das Verhaltensweisen von Nutzern verändert, um damit Geld durch Vermieten zu machen. Da *bummer* umgangssprachlich auch für »Mist« steht, hätte das Akronym kaum treffender gewählt werden können, denn unterdessen hat sich tatsächlich viel Mist unter dem Euphemismus *social media* angehäuft. Sozial sind diese Medien ganz sicher nicht, stellen sie doch den Egoismus über das Gemeinwohl. Narzisstische Selbstbestätigung steht im Mittelpunkt, nicht gedeihliches Miteinander. Keiner der Initiatoren dieser Netzwerke kann seine Hände in Unschuld waschen und sagen, er hätte von nichts gewusst. Wie vorsätzlich im Silicon Valley gehandelt wurde (und wird), zeigt eine Aussage von Sean Parker, dem Gründungspräsidenten von Facebook. Er spricht von einem »Dopamin-Kick« als Grundidee der Firma. Wann immer man Fotos, Links oder Nachrichten postet, werden sie kommentiert und geliked. So begibt sich der User bei Facebook in eine Feedbackschleife für soziale Anerkennung mit beträchtlichem Suchtpotenzial.

Tatsächlich ist Anerkennung die Achillesverse des modernen Menschen, wie man spätestens seit Hegel wissen kann. In der *Phänomenologie des Geistes* ging Hegel davon aus, dass der Wunsch nach Anerkennung den Startpunkt der Menschheitsgeschichte bildet. Die Gesellschaft teilte sich demnach in Herren, die bereit waren, ihr Leben zu riskieren, und in Knechte, die der Todesfurcht nachgaben und sich freiwillig unterwarfen. Auf diese Weise kam es aber zu dem Dilemma, dass der Knecht nicht als Mensch anerkannt wurde, der Herr aber ebenso wenig. Denn der Herr wurde ja nur von Knechten anerkannt, die aber *per definitionem* nicht ebenbürtig waren. In allen stratifikatorischen Gesellschaften gab es nur diese mangelhafte Anerkennung. Erst die Französische Revolution und die damit entstehende bürgerliche Gesellschaft hob die Herr-Knecht-Beziehung auf. Die einstigen Knechte wurden ihre eigenen Herren, und an die Stelle der ungleichen Anerkennung in der Beziehung zwischen Herr und Knecht trat eine gegenseitige Anerkennung unter Gleichen. Der Architektur- und Medientheoretiker Georg Franck sieht das Anerkennungsgeschehen in der Informationsgesellschaft in den Kampf um Aufmerksamkeit münden, die er als die »unwiderstehlichste aller Drogen« bezeichnet.

Sean Parker zeigte sich voll informiert über die Existenz dieser omnipräsenten menschlichen Verführbarkeit, auf dem die Facebook-Technologie aufsitzt, und gesteht: »Wir haben es trotzdem gemacht. Es verändert buchstäblich deine Beziehung zur Gesellschaft und untereinander.« Die in die Höhe gereckten Daumen und schematisch grinsenden Gesichter sind entkörperlichte und entindividualisierte Undinge, zumeist verteilt von digitalen Freunden, deren man wahrscheinlich nie im Leben ansichtig werden wird. Entweder weil sich die Lebenswege nicht kreuzen oder weil die Smiley-Spender gar nicht aus Fleisch und Blut, sondern aus Nullen und Einsen bestehen. Das Social-Media-Paradoxon heißt anonyme Anerkennung. Da sie im hegelschen Sinne von Gleichen stammt, schafft sie temporäre Befriedigung, die jedoch rasch wieder verfliegt, weil die Anerkennung des anderen gerade wegen der abstrakten Uniformität der vom Stil her infantilen Piktogramme in etwa so nahrhaft wie Fast Food ist. Man verspürt kurzfristig eine Art Sättigung, doch rasch stellt sich ein hohles Gefühl im Magen ein, und der Hunger kehrt zurück. Nun ein weiteres Happy Meal zu kaufen würden die meisten wohl für wenig zielführend halten. Anders in der Social-Media-Welt. Hier soll es ein Junk-Food-Smiley nach dem anderen richten. Und weil es sich um eine nach oben offene Emoji-Skala handelt, ist das Suchtverhalten vorprogrammiert.

Es gibt da durchaus Parallelen zum Showgeschäft. Die Anerkennung, in der sich Stars suhlen, wird ihnen ebenfalls anonym zuteil, ist nicht gedeckelt und kann als solche nie genug sein. Eine Endlosspirale, die den Charakter des Menschen auf eine harte Probe stellt, die allzu oft nicht bestanden wird. Stoffliche Substanzen kommen dann gewissermaßen als Ersatzdroge ins Spiel, die so manches Ende einer steilen Karriere befördern. In eine ähnliche Situation manövrieren die sozialen Medien ihre User. Die Fixierung auf den verheißungsvollen Dopaminkick führt auch hier zum Realitätsverlust, der in einem Rattenexperiment von James Olds und Peter Milner vom California Institute of Technology plastisch wurde. Die beiden Forscher hatten ihren Versuchstieren Elektroden in verschiedene Regionen des Belohnungssystems implantiert. Über einen Hebel konnten die Ratten den Stromkreis schließen und so eine Belohnung in ihrem Hirn auslösen. Innerhalb weniger Minuten lernten sie, den Mechanismus zu bedienen, der von nun an zu ihrem Lebensmittelpunkt wurde. Stundenlang drückten sie im Dauerfeuer die Taste, bis zur absoluten Erschöpfung. Auch als die Forscher den Ratten Nahrung anboten, scherten sie sich nicht darum und wählten weiterhin nur den Glückshebel. Sogar Elektroschocks nahmen sie in Kauf, um an den Belohnungshebel zu kommen. Den Versuchsratten war es anscheinend nicht mehr möglich, ihr impulsives Verlangen nach immer mehr Belohnung zu unterdrücken. Die im Gehirn angelegte Impulskontrolle war machtlos gegen die direkte Stimulation der Belohnungsnetzwerke.

Anerkennung fungiert im Social-Media-Zeitalter als digitaler Glückshebel. Eine Ersatzbefriedigung anstelle nicht erhaltener persönlich gewidmeter differenzierter Anerkennung, die doch eigentlich angestrebt wird und wesentlich nachhaltiger wirkt als das digitale Surrogat. Doch wir nehmen offensichtlich, was wir kriegen können, da die menschliche Existenz auf dem Unverfügbaren gründet. Der schwankende Grund unseres Daseins liegt in einer Paradoxie: Als Geschöpfe können wir nicht unsere eigene Ursache sein. Zugleich aber folgen wir mit dem Hinaustreten aus der Natur der Vorstellung, dass wir in unserem Tätigsein Ursache und Wirkung in den Griff bekommen können. Diese Vorstellung erweist sich bei nüchternem Resümee als eine Mischung aus Realität und Fiktion. Beim Bau und der Führung eines Personenkraftwagens überwiegt der Realitätsaspekt, während die Kontrolle der eigenen Affekte oder eine zuverlässige Introspektion sicher ins Reich der Fiktion gehört. Auch bei Wünschen tritt die vom Hineingehaltensein ins Nichts beförderte existenzielle Unsicherheit deutlich zutage, wie der Kulturanthropologe René Girard aufzeigte. Sobald die Grundbedürfnisse gestillt sind, sei der Mensch weiterhin von intensivem Begehren getrieben, wisse aber – weil er seine Instinkte für die Emanzipation von der Natur geopfert hat – nicht genau, welche Wünsche in der Lage sind, dieses Begehren zu stillen. Der geläufige Ausweg aus der Wunschungewissheit bestehe darin, genau das zu begehren, was der andere hat. Wie bei Kindern, für die immer das Spielzeug am interessantesten zu sein scheint, mit dem sich der Spielpartner gerade vergnügt, übernehme das Gefühl des Neides die Regie und der Vergleich mit dem anderen werde zur Orientierungsmarke. Auf diese Weise werde der Egoismus gefördert. Längerfristige Befriedigung könne so jedoch nicht erreicht werden, denn wenn man endlich zu dem gekommen sei, was am anderen so begehrenswert schien, habe der längst etwas Neues. Ein infiniter Unglückszusammenhang, den sich der Kapitalismus zunutze macht, um mit dem Konsum als Treiber der Wirtschaftskraft in den Turbomodus zu schalten.

5 Profitmaximierung durch Radikalisierung

Für die Social-Media-Plattformen wurde die Ausbeutung der Wunschungewissheit des Menschen zum zentralen Erfolgsrezept, spätestens seit Facebook 2009 den Like-Button einführte. Rasch breitete sich diese Neuerung im gesamten Netz aus. Die abstrakte Währung der Emojis in dynamischen Feedbackschleifen erwies sich wie geschaffen für den Vergleich mit den vielen anderen, die um soziale Anerkennung zu digitalen Konditionen buhlen. Gerade weil die menschliche »Seele nicht festen Fußes fassen kann«, wie der Philosoph Michel de Montaigne bereits vor fast 450 Jahren schrieb, nimmt sie jede Zustimmung liebend gern an. Und Likes sind, anders als andere Währungen, prinzipiell nicht quantitativ begrenzt.

Der US-amerikanische Psychologe Burrhus Frederic Skinner hätte sich sicherlich nicht einmal in seinen kühnsten Träumen vorstellen können, was für ein gewaltiges Realexperiment durch die sozialen Medien möglich werden sollte. Die BUMMER-Medien wenden Erkenntnisse aus seiner Schule des Behaviorismus an und entwickeln die Methoden weiter. Aber die Computerflüsterer im Silicon Valley, die ihre Kinder tunlichst auf Waldorf-Schulen schicken, in denen sogar die Benutzung von Handys verboten ist, müssen dafür nicht einzelne Ratten manipulieren, sondern können mit einem Großteil der Erdbevölkerung experimentieren.

Langjähriger Gegenstand der Untersuchungen in Skinners Labor war die Mustererkennung am Beispiel des Regellernens. Dabei stellte sich immer wieder der merkwürdige Effekt ein, dass eine Regel schneller und intensiver verinnerlicht wurde, wenn mit einer Handlung nicht in allen Fällen das angestrebte Ziel erreicht wurde. Bestand die Aufgabe in der Skinner-Box darin, nach Aufleuchten eines Signallichts einen Hebel zu betätigen, um den drohenden Stromschlag abzuwenden, lernten die Ratten besser, wenn es in einigen wenigen Fällen Ausnahmen gab. Etwa wenn der Stromschlag ausblieb, obwohl die Versuchstiere die Regel nicht befolgten oder Elektrizität vom Fußgitter auffuhr, obwohl die Probanden alles richtig gemacht hatten. Durch seltene Ausnahmen wird das zu manipulierende Objekt der Experimente offensichtlich dazu angehalten, seine volle Aufmerksamkeit auf das Geschehen zu richten und nach einer möglicherweise noch tiefer liegenden Regel zu suchen. Der Mustererkennungsapparat Gehirn läuft dann zur Hochform auf. In der Skinner-Box und ebenso in den sozialen Medien. Wenn vergleichbare Posts in der Regel eine ähnliche Resonanz haben, sich einer davon aber zu einem gewaltigen Shitstorm entwickelt oder überhaupt keine Beachtung findet, gerät das Usergehirn in Alarmzustand und grübelt hartnäckig über das aufmerksamkeitsgenerierende Movens nach, das hier im positiven oder negativen Sinne am Werk war. Das geht jedem Verlag mit neuen Büchern und eigentlich jedem Hersteller von Produkten so, könnte man meinen. Nur sind in diesem Fall die Käufer als reale Menschen mit ihren schwer berechenbaren Leidenschaften diejenigen, die das Feedback geben. In den BUMMER-Medien hingegen übernehmen adaptive Algorithmen diese Funktion. Adaptiv deshalb, weil sie ihr Verhalten permanent ein wenig verändern und zugleich die Reaktion des Nutzers evaluieren. Kommt sie dem vorgegebenen Ziel näher, wird die Manipulationsrichtung beibehalten, anderenfalls der Kurs geändert. Das geschieht in kaum merklichen Minischritten, zu klein, als dass sie dem User auffielen, zu groß hingegen, als dass sie nicht jederzeit für eine Überraschung gut wären. Unablässig wird so an den Stellschrauben des Feedbacks über Empfehlungen anderer Posts, E-Mail-Benachrichtigungen, Werbebotschaften, Einladungen von und zu allem Möglichen herumgedreht. Eingenordet sind die Algorithmen allesamt getreu der Botschaft des Mediums Internet, also der gnadenlosen Verstrickung des Menschen ins digitale System. Übersetzt ins Praktische, bedeutet das die unablässige Erhöhung der Verweildauer des Users auf den digitalen Plattformen.

Facebook entwickelte eine Idee, die das Bedürfnis nach sozialer Anerkennung noch effektiver zu stillen in der Lage ist. Aufmerksamkeit und Bestätigung findet man im realen Leben am ehesten in der Peergroup. Nach genau diesem Vorbild ermöglicht Facebook die Bildung von Gruppen. Allerdings geht es hier nicht darum, Nutzer zusammenzubringen, die das gleiche Alter verbindet, sondern die ein gemeinsames Hobby, eine spezielle Leidenschaft oder eine bestimmte Weltsicht teilen. Unter dem Motto »Mehr gemeinsam« kündigte Facebook an, dass jeder seine Gruppe finden werde – von veganen Bodybuildern über Kurzhaarfrisurenträgerinnen bis hin zu Fellnasenfreunden. Neben solch arglosen Ansammlungen von Usern im digitalen Raum öffnen jedoch auch Gruppen mit einer eindeutigen Agenda ihre virtuellen Türen. Die heißen dann etwa »Ärzte wie Bhakdi und Wodarg warnen vor der Corona-Impfung«, »Die Römischen Reichsbürger« oder »Deutschland den Deutschen«. Durch das gemeinsame Ziel ist negatives Feedback innerhalb dieser Gruppen weitgehend ausgeschlossen. Stattdessen überbieten sich die Nutzer, unter denen sich oft auch Fake-Accounts und Bots befinden, in ihren Posts. Wer die verwegensten beziehungsweise krudesten Argumente vorbringt, bekommt den stärksten digitalen Applaus. Auch Alltagsbeobachtungen aus dem Netz oder der Offline-Realität kursieren in solchen Gruppen mit entsprechenden Kommentaren. Allerdings hat sich die Technik der Bildbearbeitung mittlerweile so weit entwickelt, dass auch sogenannte *deep fakes* auf immer erschwinglichere Weise hergestellt werden können. In solchen Videos sieht man dann Menschen Dinge sagen oder tun, die sie niemals geäußert oder gemacht haben. Die Echtheit solcher Clips ist allein aufgrund der technischen Qualität nicht zu bezweifeln. Mit ihrer enormen Suggestionskraft können diese Tiefenfälschungen nachhaltigen Unfrieden stiften, wenn sie von dem sich selbst verstärkenden Gruppengefüge aufgegriffen werden.

Facebook-Gruppen sind Brutstätten der berüchtigten Filterblasen, die ihre Mitglieder gegen Kritik abschließen und sie Post um Post geradezu immunisieren. Dieser Prozess geht mitunter so weit, dass die User möglichen kognitiven Dissonanzen aus dem Weg gehen, indem sie gar keine Einladungen in eine andere Wirklichkeit mehr annehmen. Wenn auf Twitter oder in den zahllosen Kommentarfunktionen verschiedener Websites unterschiedlichste Meinungen und Welthaltungen aufeinanderprallen, steht zumeist nicht die Debatte, sondern die Bestätigung der eigenen Vorurteile durch entsprechende Argumente im Vordergrund. Gefolgt natürlich von der postwendenden Diffamierung des anderen, wie es nicht nur während der Corona-Pandemie im Netz zum schlechten Ton gehörte. Nicht von ungefähr ist den meisten Kommentarleisten eine Ermahnung zu Wohlverhalten, im Internetslang auch Netikette genannt, vorangestellt.

Von ihrem Beschreibungspotenzial her ist die Metapher der Echokammer dem mittlerweile in der Medientheorie kaum mehr verwendeten Begriff Filterblase überlegen. Denn in den Gruppen und Netzwerken ruft man aus und hört per Ausschluss der Andersdenkenden immer nur das mitunter sogar verstärkte Echo der eigenen Meinung. Pointiert könnte man daher auch von Gesinnungsmedien reden, die jede Form von freiem Diskurs und offener Debatte durch ihre kommunikative Struktur ausschließen und den ideologischen Gegner an den Pranger stellen. Der unkörperliche, seinem Wesen nach undingliche Charakter der digitalen Welt ermöglicht die Zuspitzung der Freund-Feind-Dichotomie. Das Gegenüber ist sinnlich kaum wahrnehmbar. So wie der Freund auf den Smiley-Geber reduziert wird, stellt sich der Feind als bloße Folie dar, die man nach Gutdünken mit seinen schlechten Gefühlen überschüttet. Anstandsregeln bleiben für die realen Begegnungen mit Menschen aus Fleisch und Blut reserviert, während die sozialen Netzwerke den inneren Troll der User entfesseln und sich so immer weiter zu Medien entwickeln, in denen die »Arschloch-Seite« belohnt wird, wie Jaron Lanier es unverblümt benennt.

Mit der Einführung des Newsfeeds gelang Facebook ein weiterer Coup zur Userbindung. Aus dem sozialen Netzwerk werden von einem Algorithmus verschiedene Nutzerdaten herausgegriffen und zu einem kontinuierlichen, permanent aktualisierten Mitteilungsstrom zusammengefasst. Der besondere Trick bei der Sache besteht in der Personalisierung dieser Informationen. Hierarchisch geordnet, werden den Usern zuerst Posts angezeigt, in denen sie selbst vorkommen. Auf der nächsten Ebene geht es um Aktivitäten der digitalen Freunde, je nach Häufigkeit des Kontaktes mit ihnen. Schließlich weist der Newsfeed noch auf Posts, Links und Gruppen hin, zu denen aufgrund der Aktivitäten des Users auf Facebook eine gewisse Affinität bestehen könnte. Diese Neuerung brachte das Werbegeschäft von Facebook so richtig in Gang, da nun die Nutzerdaten für das Kreieren personalisierter Anzeigen vermietet werden konnten. Besonders perfide am Newsfeed ist die Suggestion, dass alle anderen Nutzer denselben Informationsstrom sehen. Ununterbrochen tauchen Meldungen auf und erzeugen so den Eindruck von Unmittelbarkeit und Aktualität. Nichts am Newsfeed weist auf die Personalisierung hin. Man denkt, eine mit allen geteilte Welt zu sehen, dabei schaut man sich lediglich hochselektiv ausgewählte Informationen an, die mit hoher Wahrscheinlichkeit die eigenen Vorurteile zu kultivieren helfen. Die Wahrnehmung wird ebenso manipuliert wie separiert, und soziale Medien können so als mentale Trainingscamps für Extremisten fungieren. Kein Wunder, dass die Anwerbungen des IS und die Rekrutierungen von Impfgegnern nach demselben Prinzip vor sich gehen. Sobald sich ein User im Netzwerk skeptisch zu Impfungen oder positiv zum Dschihad äußert, erhält er vermehrt Einladungen zu entsprechenden Gruppen. Wenn er oder sie dann einer solchen digitalen Community beitritt, werden weitere Einladungen ausgesprochen. Die notorische Aktivität solch eifernder Gruppen wird von den Algorithmen belohnt. Ihre Geschichten von angeblich verschwiegenen Todesfällen nach Impfungen beziehungsweise tatsächlichen Hinrichtungen von Ungläubigen im islamistischen Krieg tauchen dann ganz oben im Newsfeed des Users auf und suggerieren eine gewisse Dringlichkeit des Themas.

Diese Entwicklung betreiben Facebook und Co nicht vorsätzlich. Ihr Ziel liegt lediglich in der Profitmaximierung in Zeiten des digitalen Datenkapitalismus. Gleichwohl werden dabei die Radikalisierungstendenzen als eine Art Beiwerk billigend in Kauf genommen, macht doch die Vermietung personalisierter Nutzerdaten für kommerzielle Zwecke Facebook mit einer Marktkapitalisierung von über 800 Milliarden Dollar zum sechstgrößten Unternehmen weltweit. Die zur Whistleblowerin gewandelte ehemalige Produktmanagerin von Facebook, Frances Haugen, betonte bei einer Anhörung im US-Senat, dass sie immer wieder erlebt habe, wie gnadenlos der Konzern den eigenen »astronomischen« Profit über das Allgemeinwohl gestellt habe.

Bei Facebook läuft die Verhaltensmanipulation wie am Schnürchen, nicht minder bei dem weiteren Big-Social-Media-Player YouTube. Ein entscheidendes Datum für das Videoportal auf dem Weg zum BUMMER-Medium liegt im Jahr 2012. Am 14. März programmierte YouTube seinen zentralen Algorithmus um. Bis dahin hatte der jene Videos empfohlen, die am meisten angeklickt worden waren. In der Sprache der Online-Strategen ging es um Views-Maximierung. Von jenem Frühlingstag an aber bot der Algorithmus vermehrt solche Videos an, die am längsten geschaut wurden. Damit löste die Sehzeit die Klickzahl als zentrale Optimierungsgröße ab. Getreu der Botschaft des Mediums Internet, also der gnadenlosen Beteiligung und Verstrickung, gelang YouTube auf diese Weise eine signifikante Verlängerung der Verweildauer auf seiner Plattform. Sobald man einen Clip gesehen hat, empfiehlt der Algorithmus seither als Nächstes ein Video, das andere Nutzer, die vorher denselben Clip geschaut hatten, nicht nur angeklickt, sondern zu Ende gesehen hatten. Dieser Weg erwies sich als erfolgreich. Der neu justierte Algorithmus lernte rasch und konnte immer effizienter die Aufmerksamkeit der User auf der Plattform halten.

Mit dem Anstieg der Sehzeit war jedoch zugleich auch eine inhaltliche Tendenz verbunden. Denn die Aufrechterhaltung des Erregungslevels, die als prophylaktische Maßnahme gegen das Verlassen der Website wirken soll, gelingt offensichtlich am besten, wenn zu der gewählten Topik Videos mit immer extremeren Inhalten angeboten werden. Der Algorithmus studiert das Nutzerverhalten, das seinen Zielvorgaben am besten entspricht, und empfiehlt es anderen Besuchern der Plattform. In Feedbackschleifen wird dann der Erfolg der Empfehlung evaluiert. Material für die immer weitere Optimierung des Algorithmus gibt es bei mehr als zwei Milliarden Nutzern genug, und auch die Rechenkapazität ist schier unbegrenzt.

Das Ergebnis sollte nicht überraschen. YouTube hat sich zu einer Plattform entwickelt, in der das Anschauen fesselnder Inhalte belohnt wird. Nur leider ist kaum etwas so langweilig wie die Wahrheit. Sogenannte alternative Wahrheiten, früher auch Lügen genannt, sind da viel spannender. Und wenn sie sich zu ganzen Verschwörungsfantasien hochschaukeln, die womöglich noch mit einem gewissen Charisma präsentiert werden, ist die Aufmerksamkeit garantiert. Die Watch-Time steigt und steigt, denn das nächste, noch spektakulärere Video wird präsentiert und gleich automatisch abgespielt. Was bei Videos von Risikosportlern in einer spannenden, aber im Grunde harmlosen Jagd nach Superlativen mündet, kann bei politisierten Themen zum Extremismus führen. In der Corona-Pandemie zeigte sich das ganze Ausmaß, das der YouTube-Mechanismus bereits bewirkt hat. Den Kanälen der einschlägigen Verschwörungsideologen folgten weltweit viele Millionen. Möglicherweise befanden sich einige Menschen unter den Followern, die das Ganze als Unterhaltung konsumierten, aber allzu viele nahmen offensichtlich ernst, was da von vermeintlichen Experten geäußert wurde, und radikalisierten sich mit jedem neuen Video weiter. Der Algorithmus lockte sie in die Welt der Extreme, weil die permanente Überbietungslogik, statistisch gesehen, hilft, die Watch-Time zu erhöhen. So werden aus Profitgier die Affekte des Menschen angefacht, und seine Vernunft, die zwischen inhaltlich wie moralisch falsch und richtig zu unterscheiden ermöglichen könnte, von den künstlich intelligenten Maschinen in die Knie gezwungen.

Eine ähnliche Tendenz gibt es auf Portalen wie Twitter. Der private Kurznachrichtendienst, der mit Nachrichten im Sinne des Qualitätsjournalismus nicht viel mehr als den Namen gemein hat, entlohnt ebenfalls Klickzahlen mit größerer Reichweite, die wiederum für das Direktmarketing von Unternehmen interessant wird. Je mehr Follower man nachweisen kann, desto einträglicher werden die Geschäfte. Und wie erreicht man möglichst viele Follower – jenseits der sogenannten *social bots,* die weit über die Hälfte der User eines erfolgreichen Twitter-Kanals ausmachen? Am effektivsten durch Lügen. Das stellte eine Studie des Massachusetts Institute of Technology fest. Dabei wurde die Weiterverbreitung von 126 000 Tweets von der Gründung des Unternehmens im Jahr 2006 an bis 2017 untersucht. Das Ergebnis war ebenso eindeutig wie erschreckend: Tweets, die auf unwahren Behauptungen oder sogar reinen Lügen basierten, verbreiteten sich im sozialen Medium Twitter sechsmal schneller als faktenbasierte, universell nachprüfbare Meldungen. Warum? Fake News sind *per definitionem* neu und unerwartet, während wahre Meldungen in der Regel an Bekanntes anschließen. So befriedigen Lügen die Sensationsgier in einem wesentlich größeren Ausmaß, rufen stärkere Emotionen hervor und erzeugen die Lust am Weitererzählen. Während man in der sinnlich wahrnehmbaren Realität erst einmal ein Gegenüber benötigt, um es mit einem »Hast du schon gehört, dass ...« aufhorchen zu lassen, genügt auf Twitter ein Klick, und schon ist das nicht von ungefähr Unglaubliche ein bisschen mehr in der digitalen Welt. In zunächst 180, später dann 280 Zeichen – vom Umfang her etwa drei bis vier Zeilen dieses Buches – wird vom tragischen Tod des mopsfidelen Oscar-Preisträgers Morgan Freeman getwittert oder von Merkels angeblicher Hoffnung, dass zwölf Millionen Einwanderer nach Deutschland kommen werden, auch vom Papst, der sich vermeintlich für einen Kandidaten im US-Wahlkampf einsetzt. Über Twitter erhielten auch mehrere Millionen US-Amerikaner kurz vor ihrer Stimmangabe 2016 die Falschinformation von einem Kinderpornoring, der von führenden Demokraten über eine Pizzeria in Washington, D. C., betrieben wird.

Hätte es Twitter nicht gegeben, das Wahlkampfteam von Trump hätte es erfinden müssen. Mit zwei Sätzen, die millionenfach geteilt werden, Lügen verbreiten und Emotionen anheizen, darin brachte es der Twitter-Präsident während seiner Amtszeit zur Meisterschaft. Insgesamt setzte Trump allein in den vier schicksalhaften Jahren unfassbare 30 573 Unwahrheiten in Umlauf. Reichlich Futter für die Social-Media-Plattformen, um mit Lügen ihre User zu emotionalisieren, in gründlich desinformierten Gesinnungsgemeinschaften zu radikalisieren und ihre auf diese Weise erhöhte Verweildauer in klingende Münze zu verwandeln.

6 Torwächter und Türöffner

Die in den sozialen Medien agierenden Algorithmen verhalten sich adaptiv. Sie sind lernende, sich selbst optimierende künstliche Intelligenzen. Kein Programmierer in den IT-Firmen kann voraussagen, in welcher Weise sich so ein hochkomplexes System entwickelt und was es als Nächstes tun wird, um seine Zielvorgabe zu erreichen. Deswegen sind die Effekte wie die gegenwärtige Verwischung der Grenze zwischen Fake und Real News, die allgegenwärtige Empörungskultur, die neu entstandene Lust am Aufruhr und die Drift in die hyperindividualistische Totalopposition nur schwer in den ersten Entstehungsstadien zu erkennen. Das macht algorithmengetriebene Entwicklungen so unberechenbar. In der Zeit und Raum aufhebenden digitalen Epoche ist man vor faustdicken Überraschungen nicht gefeit, denn mithilfe des Leitmediums Internet werden aus alternativen mitunter reale Fakten geschaffen. Plötzlich sind die Briten aus der EU ausgetreten, ein Tankwart in Idar-Oberstein wurde kaltblütig erschossen, und ein dubioser, gemeingefährlicher Troll sitzt im Oval Office in Washington, D. C.

Wie hartnäckig in Zeiten der neuen Medientechnologien das Schlechteste einer Gesellschaft hervorgekehrt wird und wie massiv die Struktur der Social-Media-Plattformen Hass und Zwietracht begünstigt, machen demografische Untersuchungen sichtbar. Repräsentative Umfragen der in Demografie renommierten Monmouth Universität in New Jersey widmeten sich unter anderem dem Meinungsbild zur Rechtmäßigkeit der letzten Präsidentschaftswahlen in den USA. Kreuzt man diese Umfrageergebnisse mit den Zahlen der gegen das Corona-Virus Geimpften, ergibt sich ein Ergebnis, das Harry Enten, Chefanalyst von CNN, als »beängstigend« bezeichnet. Demnach glauben 32 Prozent der befragten US-Amerikaner, dass es bei der Wahl von Joe Biden nicht mit rechten Dingen zugegangen war. Zugleich waren 34 Prozent im Juni 2021 nicht geimpft, zu einem Zeitpunkt also, an dem jeder, der in den USA wollte, eine Immunisierung hätte bekommen können. Die beiden Drittel haben zwar eine Schnittmenge, rekrutieren sich jedoch nicht vollständig aus den gleichen Befragten. Das heißt, wer sich nicht impfen ließ, glaubte nicht automatisch auch, dass der Wahlsieg gestohlen wurde. Aber immerhin waren 64 Prozent der Impfverweigerer dieser Meinung. Wenn man nun diejenigen zusammenzählt, die geimpft sind und die Rechtmäßgkeit der Wahlen nicht bezweifeln, kommt man auf gerade einmal 51 Prozent. 45 Prozent dagegen glauben entweder an einen unrechtmäßigen Sieg Bidens oder lassen sich nicht impfen. Die fehlenden 4 Prozent hatten sich zwar eine Impfdosis geben lassen, waren sich hinsichtlich der Wahlen jedoch nicht sicher. Die Coda bzw. Pointe kann einen tatsächlich das Fürchten lehren. Die USA präsentieren sich nicht nur bei Wahlen als eine 50-50-Nation. Ganz ähnlich sieht es mittlerweile auch mit dem Vertrauen in Wissenschaft und harte Fakten aus. Fast die Hälfte der Amerikaner glauben nach diesen Umfragen eher Verschwörungserzählungen als einschlägigen Experten und Institutionen. Plastischer ist die Spaltung der Öffentlichkeit kaum darzustellen.

Verschwörungsmythen grassierten schon lange vor dem Internetzeitalter. Allerdings konnten sie in der Regel in demokratischen Gesellschaften keine ernst zu nehmende Reichweite erlangen und galten in der öffentlichen Wahrnehmung bestenfalls als Kuriosa. Dass unser Planet doch flach sei, die Amis nicht auf den Mond geflogen seien oder es die Erde erst seit 4500 Jahren gebe, wie es in der Bibel geschrieben steht, keine dieser Geschichten konnte in den faktenorientierten Massenmedien eine Themenkarriere absolvieren und fand sich somit auch nicht in der von ihnen geschaffenen Hintergrundrealität. Völlig anders sieht das bei den extrem nutzerstarken Social-Media-Kanälen aus. Sie leisten gerade den Verschwörungserzählungen durch algorithmische Unvernunft Vorschub. Eigentlich müsste man an dieser Stelle von Avernunft reden, wenn die deutsche Sprache dieses Wort kennen würde. Denn Algorithmen kennen keine Vernunft – und damit im strengen Sinne auch keine Unvernunft. Sie bewerten Daten gleichsam im außermoralischen Sinne. Da ihnen ein innerer Sinn fehlt, brauchen sie äußere Kriterien, um sich zu entfalten. Sie sind brillante Rechner, die jedoch weder Interesse noch das geringste Verständnis für die Ergebnisse oder gar Konsequenzen ihrer Arbeit haben, und leisten jedem und jeder ihre Dienste, der und die sie zu programmieren versteht. Ihnen die Entwicklung von Social-Media-Plattformen zu überlassen nimmt sich geradezu fahrlässig aus. Zwar sind die Algorithmen lediglich unermüdliche Mittel zum ökonomischen Zweck und erhalten ihre Ziele von Menschen. Doch solange immer mehr User ins System verstrickt werden und die Zuwendungen aus der Werbeindustrie steigen, scheren sich die privatwirtschaftlich arbeitenden Unternehmen nicht um die Konsequenzen ihres Tuns. Das scheint im Silicon Valley nicht anders als in den herkömmlichen Industriezweigen. Die Tech-Unternehmen bezeichnen sich gern als unpolitisch und zeigen ein bizarres Verständnis von Meinungsfreiheit. Falschmeldungen verstießen nicht gegen die Community-Guidelines und brauchten damit nicht entfernt zu werden, hieß es noch während des Wahlkampfes 2016 aus der Chefetage von Facebook. In diesem Sinne agierte auch YouTube und wurde so zu einer Plattform, auf der abstruse Realitätsumdeutungen wucherten. Wie am Stammtisch konnte einfach alles behauptet werden. Im Unterschied zur bierseligen Männerrunde in einer Dorfkneipe gelang es in sozialen Medien allerdings, das von jeder ernsthaften Beweislast entbundene Gerede mit wenig Aufwand in teils attraktive Formate zu überführen und damit weltweit Menschen zu erreichen. Ein möglicherweise noch gravierenderer Unterschied zum Stammtisch besteht in der Monetarisierungsoption. Während die passionierten Wochenendtrinker ihre Zeche bezahlen müssen, um ihre kruden Weisheiten von sich geben zu können, verdient man dafür bei YouTube und Facebook sogar noch. Ab etwa 1000 Klicks zahlt es sich aus, etwas zu posten. Was, ist egal, Hauptsache aufmerksamkeitsheischend. Nur nicht nackt und nicht terroristisch, wie es bei Facebook heißt.

Die in den Netzwerken regierenden Algorithmen verfolgen auf je unterschiedliche Weise das eine Ziel der größtmöglichen Verstrickung der User in die digitale Welt. Anders als die Massenmedien, die über den Weg der Aktualitätsvorgabe eine Hintergrundrealität für die Selbstbeschreibung der modernen Gesellschaft liefern, haben die sozialen Medien nur die rechnenden Computercodes als Regulativ. Die aber regulieren nicht nach inhaltlichen, sondern nach rein äußerlichen Gesichtspunkten wie Verweildauer und Klickzahlen. Erlaubt ist somit, was gefällt, nicht unbedingt, was faktisch richtig ist. Das System der Massenmedien hingegen baut bei seinen Regulationsmechanismen auf lang erprobte redaktionelle Abläufe, in denen die Kriterien des Qualitätsjournalismus die Richtschnur bilden. In Handbüchern für Journalisten sind die wesentlichen Punkte auf fünf praktische Faustregeln konzentriert. So soll man in guter journalistischer Praxis immer »finden, nicht erfinden«, dann »verdichten, nicht erdichten«, sowie »beschreiben, nicht vorschreiben«, und, so schwer es auch fallen mag, »sagen, was ist – nicht wie man's haben möchte«, um »zu berichten, nicht zu richten«. Verschwörungserzählungen scheitern an mehreren, wenn nicht gar allen Kriterien des Qualitätsjournalismus. Deshalb finden sie in das System der Massenmedien keinen Eingang. Wohl aber in die sozialen Medien, deren Algorithmen Aufsehenerregendes belohnen, weil damit Reichweite, Klicks und eine hohe Verweildauer generiert werden. Wenn Massenmedien die Torwächter für Informationen sind, agieren die sozialen Netzwerke als Türöffner.

Toxisch wird die Wirkung der Social-Media-Kanäle auf die Gesellschaft durch ihre gewaltigen Nutzerzahlen. Facebook nimmt mittlerweile die magische 3-Milliarden-Grenze ins Visier, 2,3 Milliarden benutzen YouTube, 206 Millionen loggen sich täglich bei Twitter ein. Wenn man mehr als eine Milliarde Chinesen hinzurechnet, für die es mit WeChat ein eigenes System gibt, und die bei den Millenials besonders beliebten Netzwerke von Yo. über Voycee bis Snapchat hinzunimmt, so hat sicher jeder zweite Erdenbewohner Zugang zu sozialen Medien. Angesichts dieser Quote ist es augenscheinlich, dass sich die gesamte Kommunikationsstruktur unseres Planeten gerade im Umbau befindet. Der Stammtisch, an dem man harmlos tratschen, einfach herumblödeln oder Urlaubsfotos herumreichen, aber eben auch ungestraft Lügenmärchen und hemdsärmelige Ansichten bis hin zu blankem Hass ventilieren kann, bekommt globale Reichweite. Ein für alle Gesellschaften – besonders die demokratisch organisierten – eminent wichtiges Gut wie die Informationsverarbeitung und -verbreitung liegt nun nicht mehr in den Händen der Profis. Jetzt kann einfach jeder und jede mitmachen. Durch die technischen Voraussetzungen, die sich einem durch die Smartphones bieten, trägt man ein Radio- und Fernsehstudio in der Hosentasche und dazu noch ein Textverarbeitungsmodul sowie einen Messenger. Nichts fehlt im Vergleich zu professionellen Journalisten und Informationsarbeitern, außer dem Können und dem damit verbundenen Ethos. In den sozialen Netzwerken gibt es keinen Mindeststandard für Recherche, Faktenprüfung, Stilistik oder Themengenerierung. Nichts davon wäre notwendig, solange es lediglich um Verabredungen zu Veranstaltungen oder den Austausch von eigenen Befindlichkeiten und Alltagserlebnissen ginge. Doch in dem Moment, wo mit den kursierenden Informationen entweder direkt über Werbung für Freunde, Follower und Abonnenten oder indirekt über die Vermietung von Nutzerdaten Geld gemacht wird, hat der Geschäftseigner auch Verantwortung für sein Produkt.

Allerdings ist es bei den sozialen Netzwerken nicht ad hoc klar, was das Produkt überhaupt ist. Eine Möglichkeit zur Finanzierung solcher Netzwerke wäre ja, Gebühren für die Accounts zu erheben, wie es die privaten und ebenso die öffentlich-rechtlichen Bezahlsender auf unterschiedliche Weise tun. Doch die Plattformen sind einen anderen Weg gegangen. Der Zugang ist kostenlos. Wenn aber nicht der Dienst das Produkt ist, muss es der User selbst sein. Die vielen Milliarden werden in den sozialen Medien tatsächlich mit den gnadenlos ins Netz verstrickten, süchtig am Dopamintropf des Surrogats sozialer Anerkennung hängenden, von Algorithmen konditionierten und teilweise radikalisierten Usern gemacht. Ihre Kopfprämie bei Facebook liegt derzeit bei etwas über 200 US-Dollar. Solange ihre Produkte auf den Plattformen lediglich inhaltlich Belangloses, aber für das Datentracking Bedeutungsvolles austauschen, tragen die Unternehmen höchstens Verantwortung für die Lebenszeitverschwendung ihrer User. Sobald sie aber mit Desinformation, gesundheitsgefährdendem Verschwörungsgeschwurbel und Hass zum Verweilen in den Netzwerken gekickt werden, damit sich auch die dunklen und damit angreifbarsten

Seiten der Produkte zur Vermarktung offenbaren, sieht die Sache anders aus. Hier ist eine wirtschaftsethisch rote Linie überschritten, da beschädigte Produkte verkauft werden, denen in algorithmengesteuerten Feedbackschleifen immer weiter zugesetzt wird. Selbst mehreren, ansonsten nicht um jeden Preis um ethische Standards und saubere Lieferketten bemühte Big Player aus konventionellen Wirtschaftszweigen geht die skrupellose Produktzurichtung in sozialen Netzwerken mittlerweile zu weit. Bei der Kampagne »Stop Hate for Profit« boykottierten Umsatzriesen wie Adidas, Coca-Cola, Starbucks und Intercontinental Hotels das Unternehmen Facebook, indem sie für Juni 2020 ihre Werbeanzeigen auf der Plattform stornierten.

Obwohl der öffentliche, politische und wirtschaftliche Druck immer weiter steigt, schreiten die Social-Media-Giganten nur in sehr bedächtigem Tempo gegen einige Protagonisten der Desinformation ein. Nach dem Brexit-Votum, der Präsidentschaftswahl von 2016 und dem auf Facebook angeheizten Genozid an den muslimischen Rohingya in Myanmar geht nun die Desinformation während der Corona-Pandemie als weitere Minusbuchung auf das Konto der Plattformen. Verschwörungsgläubige wie Alex Jones in den USA oder Ken Jebsen in Deutschland konnten über Monate ihre Follower mit eifernden Statements, die von falschen Behauptungen und reinen Lügen durchsetzt waren, emotionalisieren und zum Teil radikalisieren, bevor sie dem Prozess des sogenannten Deplatforming unterzogen wurden. Dabei verlieren die Betreffenden zuerst ihren Monetarisierungsstatus, der die bei hohen Klickzahlen äußerst einträglichen Werbegeschäfte ermöglicht. Mäßigt sich der Kanal daraufhin nicht, wird der Account schließlich von der Plattform gelöscht.

Das deutsche Netzwerkdurchsetzungsgesetz ist ein erster Ansatz des Staates, gegen die Bedrohungen aus dem Netz vorzugehen. Hassposts und Fake News auf den Plattformen stehen seit 2018 im Prinzip unter Strafe. Bis zu 5 Millionen Euro müssen die Unternehmen berappen, wenn sie entsprechende Inhalte nicht entfernen. Allerdings hat das Gesetz auf dem Weg zur Verabschiedung reichlich Federn gelassen und viel an seiner namengebenden Durchsetzungskraft eingebüßt. So schaffte es der Passus, dass auch sämtliche Kopien des rechtswidrigen Inhaltes zu löschen und die Wiedereinstellung durch geeignete technische Maßnahmen zu verhindern seien, nicht in das gültige Gesetz. Damit müssen zwar *deep fakes* wie das Video, in dem die grundsätzlich keinen Alkohol konsumierende demokratische Vorsitzende des Repräsentantenhauses, Nancy Pelosi, bis zur Unverständlichkeit lallt, zwar gelöscht werden, die vielen in Umlauf befindlichen Kopien können aber weiter in Umlauf bleiben. So ist natürlich nichts gewonnen, da im digitalen Zeitalter ohnehin kein Unterschied mehr zwischen Kopie und Original besteht. Auch die auf den ersten Blick drakonischen Strafen verlieren an Abschreckungswirkung, weil in der verabschiedeten Form nicht mehr der erste, sondern nur noch der systematische Verstoß gegen die Löschpflicht strafrelevant ist. Das EU-weite Gesetz für digitale Dienste wird möglicherweise in diesen Punkten Abhilfe schaffen. Eine solche Regelung sollte dann jedoch kein regionaler, sondern ein planetarischer Standard werden. Die Beweislast müsste zugleich vom Betroffenen auf die Plattform übergehen. Das heißt, alle Äußerungen in den sozialen Medien sollten, bevor sie erscheinen, auf einen möglichen Verstoß gegen herrschende Gesetze geprüft werden. Nicht erst, nachdem Beschwerden eingegangen sind und der schädliche Inhalt bereits breit rezipiert und verlinkt werden konnte. Wenn die Netzwerkbetreiber die gewaltige Zahl der Beiträge auf ihren Seiten als Hinderungsgrund für ein solches Vorgehen angeben, kann man ihnen nur erwidern: Lasst euch was einfallen! Die finanziellen und technischen Mittel dazu habt ihr doch.

Der Begriff Regulierung muss bei all diesen Bemühungen allerdings säuberlich von politischer Zensur und dem Recht auf freie Meinungsäußerung getrennt werden. Die Regulierung der sozialen Medien darf nur das Ziel verfolgen, Beleidigungen, Hass, Drohungen und die Verbreitung von gefährlichen Falschinformationen einzudämmen. Im Prinzip brauchten lediglich die rechtlichen Normen der Zivilgesellschaft auch auf den Plattformen durchgesetzt zu werden. Die freie Meinungsäußerung muss jedoch davon unangetastet bleiben. Selbstverständlich kann man sich über die fußlahme politische Gangart eines Gesundheitsministers in der Pandemie mokieren, sobald man jedoch die Existenz des ursächlichen Virus mit für den Laien schwer zu prüfenden pseudowissenschaftlichen Argumenten leugnet, ist das Reich der freien Meinungsäußerung in Richtung vorsätzlicher Körperverletzung verlassen und gehört reguliert. Bei ausfälligen Bemerkungen ist es kaum anders. Wenn einem die Frisur, der Sprachstil oder leicht narzisstische Anmutungen eines weltweit renommierten Corona-Virus-Experten und Playboys des Jahres 2020 nicht passt, braucht man mit seiner Meinung nicht hinter dem Berg zu halten. Sobald man aber zu seiner Ermordung aufruft und seine Wohnadresse veröffentlicht, ist das eine Straftat und muss reguliert werden. Auch den Erfinder und Eigner von Facebook kann man wegen seines Umgangs mit den seiner Firma anvertrauten Nutzerdaten scharf kritisieren. Sobald jedoch seine Konfessionszugehörigkeit mit den sachlichen Kritikpunkten vermischt und von der jüdischen Weltverschwörung orakelt wird, hat das mit freier Meinungsäußerung nichts mehr zu tun. Schon gar nicht, wenn sich solche Hasstiraden mit der Leugnung des Holocaust verbinden. Posts in diese Richtung müssen reguliert werden, auch wenn sich Zuckerberg selbst dagegen ausgesprochen hat. Nicht anders sollte es in autoritären Staaten laufen. Wenn der brasilianische Präsident Bolsonaro eine Liste mit Feinden seines Regimes in den sozialen Medien kursieren lässt und dazu aufruft, weitere unliebsame Künstler und Journalisten hinzuzufügen, muss der Post reguliert werden. Aber sobald das türkische Staatsoberhaupt Erdoğan selbst zur Regulierung der sozialen Medien aufruft, um kritische Posts über seine Regierung und die Unterdrückung unabhängiger Medien seinerseits zu unterdrücken, dürfen ihm die Werkzeuge dazu nicht zur Verfügung gestellt werden.

Zu den juristischen kommen die finanziellen Aspekte und damit die oft gestellte Frage, warum sich die Internetunternehmen, die ihre User als Produkte vermarkten, darum drücken können, ihre Steuern zu zahlen. Die zweite Frage ist natürlich, warum sie so verfahren. Wer mit den Daten aller handelt, sollte sich verpflichtet fühlen, auch das Gemeinwohl im Blick zu haben. Und zwar nicht mit philanthropischen Egozentrismen, sondern durch Achtung der Gesetze für jedermann. Doch diese Reife scheint im Silicon Valley nicht weit verbreitet zu sein. Deswegen müssen auch hier weltweit gültige und einklagbare Standards her. Das EU-Gesetz über Mindeststeuern für Unternehmen und die Pflicht zur Veröffentlichung tatsächlich gezahlter Abgaben ist dazu nicht mehr als ein erster Schritt, da auch alle derzeitigen Steueroasen mitmachen müssten, damit die erwünschte Wirkung erzielt wird. Außerdem wäre die Begleichung der realen Steuerschuld wünschenswert und nicht nur die eines Mindestsatzes.

Bleiben schließlich noch die Massenmedien als wirksames Antidot gegen die Manipulierung der User auf den Plattformen. Mit Faktenchecks, die in Zusammenarbeit mit ausgewiesenen Experten auf dem jeweiligen Gebiet erarbeitet werden, und kritischer Berichterstattung bilden sie ein Korrektiv gegen Verschwörungserzählungen und Falschdarstellungen. Doch offensichtlich erreichen sie nicht mehr die notwendige kritische Masse von Menschen. Das liegt auf der Hand, da sich ein Drittel der US-Amerikaner bewusst dem Risiko eines schweren COVID-Verlaufes aussetzt, obwohl die überwiegend in sozialen Medien kursierenden Ammenmärchen der Impfgegner in den Massenmedien als solche enttarnt und gründlich widerlegt sind. Wenn insgesamt knapp die Hälfte der Bewohner in den USA keinen Bezug mehr auf die von den Massenmedien geschaffene Hintergrundrealität nimmt, kann man nicht umhin festzustellen, dass sich die Öffentlichkeit als kommunikatives Regulativ aufgelöst hat. Ein Prozess, der um die demokratisch verfassten Länder in Europa keinen Bogen macht. Die separierten Meinungs- und Gesinnungsräume in den sozialen Medien befördern und verstärken die Aufspaltung des ehedem gemeinsamen Kommunikationsraums der funktional differenzierten Gesellschaften immer weiter und beschleunigen zugleich die Immunisierung gegen die Aufklärungsangebote der Massenmedien. Das gängige Narrativ in solchen Social-Media-Gemeinschaften läuft darauf hinaus, dass die sogenannten Mainstreammedien im Schulterschluss mit den Eliten die eigentliche – in den Verschwörungsmythen offengelegte – Wahrheit unterdrücken. Das Deplatforming wird in solchen Kreisen dann auch nicht als Korrektiv, sondern als Bestätigung für die Richtigkeit der in den gelöschten Beiträgen geäußerten Behauptungen gesehen.

Epilog – ein neues Bewusstsein

Das System der Massenmedien wird durch das Agieren der sozialen Medien arg in Mitleidenschaft gezogen. Denn die Plattformen erheben immer mehr den Anspruch, durch ihre vorgeblich ungefilterte Authentizität zu definieren, was in einer Gesellschaft gerade aktuell ist. Damit greifen sie im systemtheoretischen Sinne die Exklusivität des Systems der Massenmedien hinsichtlich seiner Funktion an. Denn diese Funktion besteht in der Vorgabe von Aktualität auf dem Wege der durch professionelle Selektionsarbeit geleisteten Themengewinnung. In dem Maße, in dem die so entstehende Hintergrundrealität im gesellschaftlichen Gesamtzusammenhang an Verbindlichkeit verliert, büßt das System der Massenmedien an autopoietischer Geschlossenheit ein. Der Themengenerator der herkömmlichen Medien gerät durch das Störfeuer der Plattformen ins Stottern. Immer spürbarer arbeitet sich in der gesellschaftlichen Kommunikation ein alternativer, wenn auch wesentlich diffuserer Entwurf der Hintergrundrealität heraus und macht dem System der Massenmedien Konkurrenz. Die pure Quantität von rund 100 Millionen Posts täglich allein auf Facebook schwemmt die journalistische Qualität professionell kuratierter Berichte fort. Sobald jedoch ein System der Gesellschaft seine Funktion nicht mehr exklusiv zu leisten vermag, ist sein Fortbestand gefährdet.

Die Massenmedien arbeiten selbst an ihrer Abschaffung mit, indem sie die Strukturen der Social-Media-Welt übernehmen. Anstatt die linearen Sendeschienen in Print, Funk und Fernsehen zu stärken und attraktiv zu halten, werden in dem verzweifelten Bemühen, auf userstarken digitalen Plattformen mithalten zu können, immer mehr Podcast-Angebote geschaffen und Medieninhalte auf Abruf zur Verfügung gestellt. In der Konsequenz läuft diese Entwicklung auf ein Ende des linearen Programms hinaus, was nicht zu überschätzende Konsequenzen haben wird, da die Massenmedien durch die verlässliche Taktung der von ihr gebildeten Hintergrundrealität eine Zeitstrukturierung vorgeben. Die verbindlichen Sendeschienen leisten aber noch mehr. Sie ermöglichen es, dass der Großteil einer Bevölkerung zu bestimmten Zeitpunkten dasselbe sieht. Wirklich dasselbe. Um 19.00 Uhr bei »heute« oder um 20.00 Uhr bei der Tagesschau schau(t)en gleichsam alle für eine bestimmte Zeit in dieselbe Richtung. Der Systemtheoretiker Dirk Baecker machte mit einer Episode aus dem Leben von Zwergkängurus einmal darauf aufmerksam, wie wichtig eine solche Wahrnehmungssynchronisation für den sozialen Frieden sein könnte. Sobald nämlich mehrere Exemplare dieser Spezies beisammen sind, kann es vorkommen, dass sie einander mit boxenden Känguruschlägen bearbeiten. Das artet dann schnell in eine Massenkeilerei aus. Verhaltensforscher konnten beobachten, wie diese Gewaltausbrüche in der Gruppe ein Ende nehmen. In der Erschöpfungsphase beginnen die Zwergkängurus, sich eines nach dem anderen zusammenzusetzen. Allerdings schauen sie nicht den Nachbarn an, sondern schwingen sich auf ein gemeinsames Objekt ein. Sobald schließlich alle in dieselbe

Richtung schauen, beruhigen sich die Tiere und laufen nach einer Weile friedlich auseinander. Eine ähnliche Befriedung der öffentlichen Wahrnehmung könnte unabhängig von den vermittelten Inhalten auch das System der Massenmedien bewirken, weil die Mediennutzer in festen Rhythmen dasselbe sehen und darum wissen, dass auch der andere gewissermaßen in die gleiche Richtung schaut. Dieser Wahrnehmungsmodus wird sowohl durch den personalisierten Newsfeed von Facebook wie durch die individualisierten Empfehlungen von YouTube und Twitter abgeschafft. Die leichte Erregbarkeit der Meinungsmassen auf den Plattformen sowie ihre hohe Bereitschaft für eine Radikalisierung im Zeichen von attraktiven Lügen und plausibel scheinenden Desinformationen könnte die Konsequenz daraus sein, dass es im Medium Internet keine rhythmisierten Rituale mehr gibt, bei denen alle User dasselbe sehen.

Der Zerfall des Systems der Massenmedien hat auf jeden Fall zur systemischen Konsequenz, dass der Notstand, aus dem heraus es entstanden ist, wieder auf den Plan gerufen wird. Gegen den drohenden gesellschaftsgefährdenden Solipsismus aufgrund der Ausdifferenzierung der einzelnen Teilsysteme war es den Massenmedien gelungen, durch die strukturelle Kopplung mit allen anderen Systemen den kommunikativen Zusammenhalt zu bewahren. Ihre Leistung liegt darin, das Auseinanderdriften des Gesamtsystems Gesellschaft durch die operative Erzeugung einer verbindlichen Hintergrundrealität zu verhindern. Wenn die Massenmedien im Laufe der sich gerade vollziehenden technischen Revolution implodieren, steht aus systemtheoretischer Sicht einem vollständigen Transfer der Strukturen aus dem digitalen Kosmos in die sinnlich erfahrbare Wirklichkeit kein nennenswerter Widerstand mehr entgegen. Dann wäre nicht mehr die Vision einer gemeinsam geteilten Welt sinnstiftend und strukturgebend für die modernen Gesellschaften, sondern der Solipsismus der unregulierten Echokammer, dem natürlichen Feind jeder Diskurgemeinschaft.

Insofern könnte Jean Gebser mit seiner Vision vom Bewusstseinswandel recht behalten, wenn auch in einem etwas anderen Sinne, als es ihm vorschwebte. Das Internet im Allgemeinen und die sozialen Medien im Besonderen stimmen die Menschheit auf das integrale Bewusstsein ein. Dies geschieht nicht, wie es Gebser nach seinen Erfahrungen im japanischen Zen-Kloster erhoffte, im spirituell-buddhistischen, sondern im algorithmischen Sinne. Der User bekommt in den sozialen Medien präzis auf ihn berechnete attraktive Angebote, die alle bisherigen Bewusstseinsstufen des Menschen ansprechen. Die gegenwärtig wieder stark nachgefragten Verschwörungserzählungen triggern das magische Weltverhältnis, wenn sie von finsteren Mächten berichten, die im Verborgenen die Strippen ziehen, um die Menschheit zu beherrschen, zu dezimieren oder auszurotten. Ebenso wird das mythische Bewusstsein angesprochen, das sich nach Gebser bei unseren ackerbauenden Vorfahren gebildet hat. Wie bei ihnen wird in den sozialen Medien das Hören-Sagen kultiviert. Man gibt zumeist ohne tiefere Prüfung das weiter, was man selbst gerade erfahren hat, und ergänzt oder reduziert es nach Gutdünken. So entstehen Mythen in den Netzwerken und breiten sich, so sie Aufmerksamkeit zu generieren in der Lage sind, rasend schnell aus. Zugleich kommt auch das rationale – später von Gebser auch als mental bezeichnete – Bewusstsein in den sozialen Medien auf seine Kosten. Beleg dafür mögen die Kanäle sein, auf denen alle Arten von Wissenschaft in verschiedenen Abstraktionsstufen erklärt werden. So üben die sozialen Medien mit ihren Gruppen, ihrem algorithmisch personalisierten Informationsfluss und ihrem gewaltigen Reservoir an Geschichten ein neues Bewusstsein bei ihren Usern ein. Besonders effektiv wird dieses Training durch das enorme Suchtpotenzial, das sich durch die rasch gewährte, aber noch schneller wieder verklingende soziale Anerkennung entfalten kann.

Erste Resultate dieser neuen Kulturtechnik werden in den westlichen Gesellschaften bereits sichtbar. So scheint die alleinige Macht des Rationalen gebrochen. Die Wissenschaftsgläubigkeit ist passé, das Projekt der Aufklärung unwiderruflich an seinem Endpunkt angelangt. Der über Jahrhunderte geführte Kampf gegen mythologische und magische Welterklärungen geht heute verloren, weil die Internetalgorithmen nicht auf Faktizität, sondern auf Verweildauer programmiert sind. Wissenschaftliche Fakten büßen ihre Vormachtstellung ein, alternative Erklärungsmodelle sind ebenbürtig oder gar überlegen, denn nur die gute Geschichte, die emotionalisiert und zum Weitererzählen in den sozialen Medien lockt, wird belohnt. Der Wahrheitsgehalt gilt nicht mehr als Kriterium an sich. Insofern wird aus den intellektuellen Spielen der

Postmoderne unerwartet Ernst. Die leichtfüßig ironischen Dekonstruktionen von Wahrheitsansprüchen verwandeln sich im Social-Media-Zeitalter in eine Erzählhaltung, die wenig Berührungsängste bezüglich Fiktion und Lüge hat. Das *Anything goes,* mit dem der Philosoph Paul Feyerabend den Glauben an ein geordnetes Fortschreiten der Wissenschaften – und seinen Lehrer Karl Popper – angriff, wird dekontextualisiert und als universelle Regel auf den Plattformen praktiziert. Nach einem passenderen Motto muss man in Zeiten, in denen der Einzelne durch das Internet von seiner Festlegung auf die Rolle als Empfänger entbunden ist und selbst jederzeit zum Sender werden kann, sicher lange suchen.

Die radikale Gleichzeitigkeit von allem Möglichen ist als zentrale Struktur des Internets von der Online-Welt in die kulturelle Realität expandiert. In der Sprache macht sich das unter anderem als Gendergebot bemerkbar. Auch in der Politik hat die Diversität stark zugenommen. Vergleicht man das deutsche Wahlergebnis von 2021 mit einem aus der Vor-Internet-Ära, fällt auf, wie drastisch sich das Wählervotum geändert hat. Noch 1980 gingen lediglich 2 Prozent der Stimmen an Parteien und Gruppierungen jenseits von CDU/CSU, SPD und FDP. 2021 sind das 39 Prozent. Auf die einstigen Volksparteien setzt zu Social-Media-Zeiten hierzulande nicht einmal mehr die Hälfte des wählenden Volkes, die 24 Prozent Nichtwähler ohnehin nicht.

Die Gesellschaft, wie sie war, zerfällt in einer Epoche, der die kommunikativ verbindende Kraft der Massenmedien zunehmend abhandenkommt. Wo keine verbindliche

Hintergrundrealität mehr der Selbstbeobachtung der Gesellschaft dient und die sozialen Medien Polarisierung, Solipsismus und emotionale Dauererregung provozieren, greift auch keine Vision der Zusammengehörigkeit mehr. Alles gerät ins Wanken, seit nicht mehr das bessere Argument, sondern die erfolgreichere Story belohnt wird. Sogar das Weltwissen stellt mittlerweile keinen Fixpunkt mehr dar, weil es so sinnlos wie mühsam anmutet, sich Fakten und Zusammenhänge durch harte geistige Arbeit zu erschließen, wenn alles nur noch einen Klick weit entfernt liegt. Das vergleichsweise neue soziale Netzwerk Voycee trägt diesem Umstand bereits Rechnung. Durch eine eingebaute Vergessensfunktion werden seine User in einem völlig neuen Wahrnehmungsmodus geschult. Auf Voycee gibt es nur noch Gegenwart, denn jedes neue Posting führt automatisch zur unwiderruflichen Löschung des vorherigen. Das ist die technologische Antwort auf das erste Gebot des Internets: immer oben auf der Welle sein.

Ist diese Bilanz düster, oder ist sie vielversprechend? Bei tiefgreifenden kulturellen Umwälzungen sind zumindest zwei Reaktionsmuster geläufig. Entweder man steht biestig am Rand, trauert um die schwindenden Privilegien und wird zum Apokalyptiker, der den Untergang nahen sieht. Oder man begibt sich hinein in den Strom der Wandlungen, feiert alle Veränderungen und wird zum blinden Fortschrittsoptimisten, der versucht, den Tiger zu reiten. Der Soziologe Ulrich Beck machte kurz vor dem jähen Ende seines Lebens beim Neujahrsspaziergang im Englischen Garten in München noch einen anderen Vorschlag. Er verabschiedete sich von der kulturkritischen Perspektive, die Apokalyptikern wie Fortschrittsgläubigen eignet, und schlug das Beobachtungskalkül der *Metamorphose* vor. Mit dieser Denkfigur nimmt Beck den Krisen das zu Passivität verdammende Schicksalshafte. Digitalisierung, Klimaerwärmung oder Migration sind nicht die gravierenden Probleme, die eine Entwicklung zum Besseren erschweren, sondern sie sind selbst Akteure der Metamorphose. Allein dadurch, dass diese Krisen von globaler Dimension auftreten, verändern sie unsere Welt- und Menschenbilder. Als dramatische Nebenwirkungen der Modernisierungsschübe verrücken sie die Fixpunkte und konfigurieren das menschliche Bewusstsein neu. So gesehen, betreibt die Digitalisierung die Wiederentdeckung der magischen und mythischen Bewusstseinsanteile als gleichberechtigt zur rationalen Weltperspektive. Gemeinsam mit dem Eintrainieren des Wahrnehmungsmodus der radikalen Gleichzeitigkeit und der gedächtnisfreien Gegenwart formiert sich so ein völlig neues In-der-Welt-Sein, das mit den omnipräsenten Folgeschäden technologischer Entwicklungen möglicherweise angemessener umzugehen vermag, als es dem rationalen Bewusstsein bislang möglich war, das sie zu verantworten hat.

Man darf, man kann, man muss, man sollte gespannt sein.

Matthias Eckoldt

Kann sich das Bewusstsein bewusst sein?

247 Seiten, Gb/SU, 2017
ISBN 978-3-8497-0202-1

Gespräche mit *Dirk Baecker • Markus Gabriel • John-Dylan Haynes • Philipp Hübel • Nathalie Knapp • Christof Koch • Georg Kreutzberg • Klaus Mainzer, Abt Muhô • Michael Pauen • Johannes Wagemann und Harald Walach.*

„Wie war es möglich, dass an einem durch nichts ausgezeichneten Punkt am Rande einer eher durchschnittlichen Galaxie die Funken des Geistes zu sprühen begannen?" Das ist die Ausgangsfrage des neuen Buches von Matthias Eckoldt „Kann sich das Bewusstsein bewusst sein?", und wieder versammelt der bekannte Wissenschaftsjournalist namhafte Vertreter aus Sozial-, Geistes- und Naturwissenschaften, um Fragen nach dem Ursprung, der Art und Weise und dem Inhalt des Bewusstseins auf die Spur zu kommen. Herausgekommen ist ein faszinierendes Kaleidoskop von Erklärungen und Herleitungen, die ohne Trivialisierungen einen gut nachvollziehbaren Einblick in den aktuellen Forschungsstand der unterschiedlichen Fachdisziplinen gewähren.

 Carl-Auer Verlag • www.carl-auer.de